運を逃さない力

苦境を乗り越えた名リーダー44人の言葉

晃弥

すばる舎

はじめに

永続する企業のリーダーと、短命で終わる企業のリーダーの決定的な差

「日経ビジネス」によると、ベンチャー企業が5年後に生存する確率は15%、10年後は6・3%、20年後となると0・3%まで低下するといわれている。

実際、2018年に倒産した企業の平均寿命は23・9年（東京商工リサーチ調べ）だというから、ベンチャー企業ほどではないにしても企業が10年、20年と生きながらえていくのが、どれほど大変かがよくわかる。

一方で、日本には多くの百年企業が存在しているし、本書に登場する企業の多くも、平均寿命を超えてなお成長し続けている。

私は現在、SBクリエイティブ発行「ビジネス＋IT」というメールマガジンで「企業立志伝」を連載している。そのメルマガでも百年企業や、本書に登場する企業のいくつかについて「創業物語」を紹介してきた。

その執筆を通じていつも私が考えるのは、**「百年続く企業のリーダーと、短命で消えてしまう企業のリーダーの差は、どこにあるのか？」**ということだ。

よく言われるのは、「動機の差」である。

失敗するリーダーの多くは、「金儲け」を第一義としているのに対し、成功するリーダーは「世界を変える」といった大きな志をもっている、と。

果たして、そうだろうか？

たとえば「世界を変える」の代表格であるアップルのスティーブ・ジョブズは、10代の頃もっていた夢「大金持ちになりたい」が起業の原動力だった。

パナソニック創業者の松下幸之助も、ないない尽くしの中、22歳で起業した時の思いは、「明日食べるものの心配をしなくていいようになりたい」だった。

では、何が決定的な差なのか？

ひと言でいうと、**めぐってきた運を見過ごしてしまうリーダーか？　逃がさないでガッチリつかめるリーダーか？**　この差である。

運は、一見ピンチの顔をしてやってくる。どうしようもない、どうしたらいいのかわからないほど困難な顔をしてやってくる。しかし、できるリーダーはここで逃げ出さない。大ピンチをビッグチャンスに変えてしまう。つまり、**「諦めないで、自分を信じぬき、最後までやりぬく」のだ**。

たとえば、苦心して軌道に乗りかけた店舗が火災になってしまったサイゼリヤの正垣泰彦氏、60歳を過ぎて全財産を失ったケンタッキー・フライド・チキンのカーネル・サンダース氏、大金をはたいて米サウスランド社のマニュアルを買ったものの、全く役に立たなかったセブン-イレブンの鈴木敏文氏……。

普通の人なら、諦めて逃げ出してもおかしくないところ、彼らは諦めることなく果敢に立ち向かい、克服してそれを強運に変えていく。

困難を克服する過程で、自分が本当にやりたいことに目覚め、「この仕事をやるために自分は生まれてきたんだ」というほどの使命感でもって、ことにあたる。つまり、自分を強く信じる力を身につける。

そして困難を乗り越えるために、幾度となく改善を繰り返し、うまくいくポイントをつかんだら、徹底的にやり抜く。

これこそが、彼らが運を逃さず、引き寄せている最大の秘訣なのだ。

今、私たちの暮らす社会は、新型コロナウイルスの拡大で、未曽有の危機に直面している。職を失ったり、売上の低下に苦しむ人は少なくない。

そんな不安な時代だからこそ、数々の苦難や困難を乗り越えてきたリーダーたちの物語を紹介したいと考えたのが、本書執筆の動機である。

「こんな大企業の経営者と自分は違う」と思うかもしれないが、本書に登場する経営者の多くは、最初からスーパースターであったわけではなく、むしろ「何ももたない若者」だった。

しかし、失敗にめげず、何度も立ち上がることで成功を手にしている。

人はどんなに失敗しても何度でも立ち上がれるし、何度でも挑戦できる。そんな勇気と励ましを本書を通じて感じていただけたら幸いである。

本書の執筆と出版には、すばる舎の大原和也氏と、企画・編集のＯＣＨＩ企画・越智秀樹・美保氏にご尽力いただきました。心より感謝申し上げます。

桑原晃弥

運を逃さない力　目次

第1章　失敗を失敗で終わらせない技術

第2章　絶対諦めないメンタルを身につける

第3章 自分を信じる・夢を信じる

DTP：朝日メディアインターナショナル
装丁：池上幸一
本文イラスト：久保久男
企画・編集：越智秀樹・美保（OCHI企画）

【参考文献】

『豊田章男』片山修著、東洋経済新報社
『1分間スティーブ・ジョブズ』桑原晃弥著、SBクリエイティブ
『スティーブ・ジョブズ』ウォルター・アイザックソン著、井口耕二訳、講談社
『ヨネックス米山稔 負けてたまるか』米山稔著、日経ビジネス人文庫
『カーネル・サンダース』藤本隆一著、文芸社文庫
『逸翁自叙伝』小林一三著、講談社学術文庫
『ソニー・勝利の法則』大下英治著、光文社文庫
『伝えることから始めよう』髙田明著、東洋経済新報社
『任天堂"驚き"を生む方程式』井上理著、日本経済新聞出版社
『NETFLIX コンテンツ帝国の野望』ジーナ・キーティング著、牧野洋訳、新潮社
『ビル・ゲイツ 巨大ソフトウェア帝国を築いた男』ジェームズ・ウォレス、ジム・エリクソン著、奥野卓司監訳、SE編集部訳、翔泳社
『挑戦 我がロマン』鈴木敏文著、日経ビジネス人文庫
『経営はロマンだ!』小倉昌男著、日経ビジネス人文庫
『スノーボール』アリス・シュローダー著、伏見威蕃訳、日本経済新聞出版社
『運は創るもの』似鳥昭雄著、日本経済新聞出版社
『ウォルト・ディズニー 創造と冒険の生涯』ボブ・トマス著、玉置悦子・能登路雅子訳、講談社
『稲盛和夫のガキの自叙伝』稲盛和夫著、日経ビジネス人文庫
『稲盛和夫 最後の闘い』大西康之著、日本経済新聞出版社
『FAILING FAST マリッサ・メイヤーとヤフーの闘争』ニコラス・カールソン著、長谷川圭訳、角川書店
『1分間本田宗一郎』岩倉信弥著、SBクリエイティブ
『本田宗一郎 夢を力に』本田宗一郎著、日経ビジネス人文庫
『サイゼリヤ おいしいから売れるのではない 売れているのがおいしい料理だ』正垣泰彦著、日経ビジネス人文庫
『ドトールコーヒー「勝つか死ぬか」の創業記』鳥羽博道著、日経ビジネス人文庫
『百円の男 ダイソー矢野博丈』大下英治著、祥伝社文庫
『起業家』藤田晋著、幻冬舎文庫
『日本一の変人経営者』宗次德二著、ダイヤモンド社
『不格好経営』南場智子著、日本経済新聞出版社
『スターバックス再生物語』ハワード・シュルツ、ジョアンヌ・ゴードン著、月沢李歌子訳、徳間書店
『一勝九敗』柳井正著、新潮文庫
『現代語訳 論語と算盤』渋沢栄一著、守屋淳訳、ちくま新書
『小説渋沢栄一』津本陽著、幻冬舎文庫
『IKEA 超巨大小売業、成功の秘訣』リュディガー・ユングブルート著、瀬野文教訳、日本経済新聞出版社
『イーロン・マスクの言葉』桑原晃弥著、きずな出版
『イーロン・マスク 未来を創る男』アシュリー・バンス著、斎藤栄一郎訳、講談社
『人生心得帖』松下幸之助著、PHP文庫
『UPSTARTS』ブラッド・ストーン著、井口耕二訳、日経BP社
『魔法のラーメン発明物語』安藤百福著、日本経済新聞出版社
『大山健太郎 私の履歴書』大山健太郎著、日本経済新聞出版社
『ウェルチ』ロバート・スレーター著、宮本喜一訳、日経BP社
『逆境経営』桜井博志著、ダイヤモンド社
『日本でいちばん社員のやる気がある会社』山田昭男著、中経の文庫
『成功のコンセプト』三木谷浩史著、幻冬舎文庫
『Google誕生』デビッド・ヴァイス、マーク・マルシード著、田村理香訳、イースト・プレス
「WIRED」US版2018.3.24
『フェイスブック 若き天才の野望』デビッド・カークパトリック著、滑川海彦・高橋信夫訳、小林弘人解説、日経BP社
『想い』西山知義著、アメーバブックス
「WIRED」2011.4.15
『ジェフ・ベゾスはこうして世界の消費を一変させた』桑原晃弥著、PHPビジネス新書
『ジェフ・ベゾス 果てなき野望』ブラッド・ストーン著、井口耕二訳、日経BP社
『アメリカン・ドリームの軌跡』H・W・ブランズ著、白幡憲之・鈴木桂子・外山恵理・林雅代訳、英治出版
『SHOE DOG』フィル・ナイト著、大田黒奉之訳、東洋経済新報社
『メルカリ』奥平和行著、日経BP社
『日本電産 永守イズムの挑戦』日本経済新聞社編、日本経済新聞出版社
『情熱・熱意・執念の経営』永守重信著、PHP研究所
『孫正義 起業のカリスマ』大下英治著、講談社+α文庫

・その他、多数のサイトや資料を参照させていただきました。この場で謹んで御礼申し上げます

第1章

失敗を失敗で終わらせない技術

第1話

豊田章男（とよだあきお）

トヨタ自動車社長

苦しい時こそ、大きな声を出して笑おう

創業家3代目の社長というと、世間的には大事に育てられた「ボンボン社長」というイメージが強く、それゆえ逆境に弱いと見られがちだ。

しかし、トヨタ自動車の第11代社長にして創業者・豊田喜一郎の孫である豊田章男（創業家3代目の社長）は、「大事に」どころか、大変な逆風の中で社長に就任している。

トヨタは、２００８年9月のリーマン・ショックによって、２兆２７０３億円の黒字から４６１０億円の赤字へと転落した。

営業赤字は59年ぶり、最終赤字は71年ぶりである。

これだけでも大変な危機だが、２００９年には、米国に端を発した大規模リコール問題が発生、同年6月に社長に就任したばかりの章男の船出は「最悪」を通り越して、一歩間違えれば「倒産」にもつながりかねない状態からのスタートだった。

その章男にとって、最も大きな試練の一つが、２０１０年2月24日の米下院公聴会での証言だった。

今日では大規模リコールに対する過激な報道に対し、「トヨタ被害者説」が国際的にも定説となっているが、当時は章男の社長退陣説や米国での逮捕説さえ流れるほど追い詰められていた。

「自分が社員を守る」と力んでいたが、実は社員に「守られていた」

公聴会出席のために早めに渡米した章男は、関係者数人で別荘にこもって準備を始めた。

みんなが緊張で深刻な表情をする中、章男は「**1日1回は、大きな声を出し**

て笑おうよ」と声をかけ、明るく振る舞った。**危機にある時、誰しもが暗くなりがちだが、そんな時にこそトップは陽気でなければならない**。

「**笑顔のないところでは、いい仕事はできない**」を信条とする章男は、できるだけ明るく振る舞うことで、みんなの緊張をほぐそうと努めた。

そこにあったのは、「トヨタの全責任を背負う」という自覚であり、逆境にあっても最善を尽くす、というある種の開き直りだった。

結果、公聴会を見事に乗り切った章男は、心配してワシントンに集まっていた現地の販売店やサプライヤーの会合に出席、みんなの温かい拍手を受け、「私は1人ではなかった」と涙を見せながら謝辞を述べている。

それまで章男は「自分が社員を守る」と力んでいたが、**実は「自分は守られていた」と実感、うれし涙が自然と流れたという**。

公聴会の開かれた2月24日を「トヨタ再出発の日」と定めた章男は、その後の東日本大震災や、新型コロナウイルスの感染拡大といった危機においても陣頭に立ち続け、トヨタを見事V字回復させている。

窮地に陥るほどトップは陽気であれ

リコール問題で、米国の下院公聴会に出席した章男

【2009年】

打ち合わせの席で表情の硬いメンバーを前に、こう言った

1日1回は、大きな声を
出して笑おうよ

公聴会を見事乗り切り、思わず涙が出る

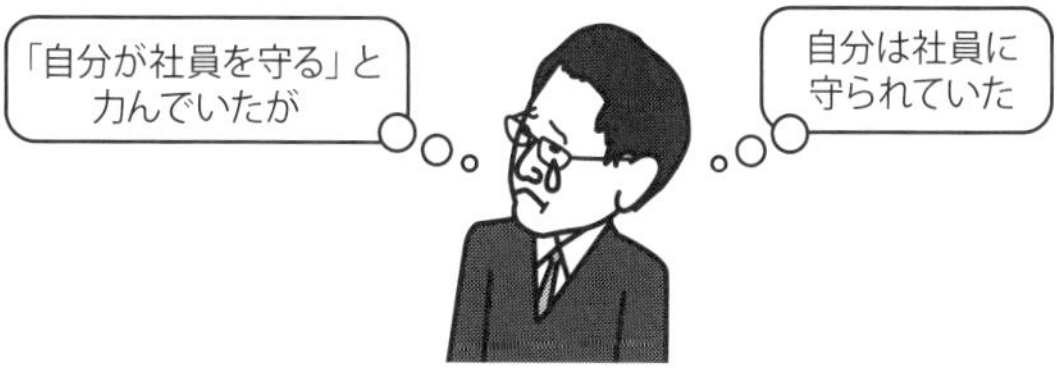
「自分が社員を守る」と
力んでいたが
自分は社員に
守られていた

2009年を底にV字回復を果たす

よし
V字回復だ

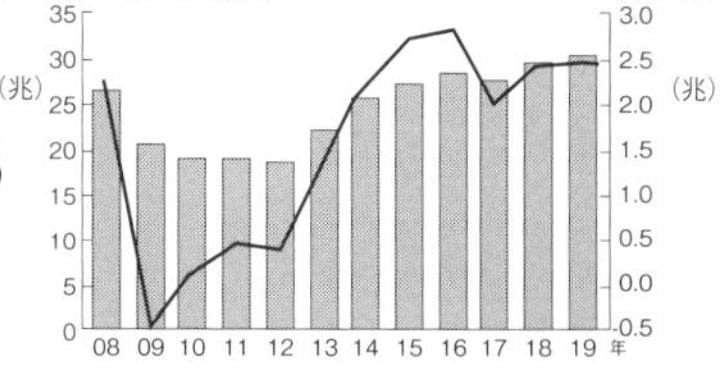
売上高
トヨタの業績
営業利益
(兆)
(兆)
35 30 25 20 15 10 5 0
3.0 2.5 2.0 1.5 1.0 0.5 0.0 -0.5
08 09 10 11 12 13 14 15 16 17 18 19 年

【略歴】豊田章男

1956年、愛知県名古屋市生まれ。曽祖父はトヨタの始祖・豊田佐吉、祖父はトヨタ自動車の創業者・豊田喜一郎、父はトヨタ自動車の元社長・豊田章一郎という生粋のサラブレッド。米国の投資会社を経て、84年、トヨタ自動車に入社。2009年6月、同社社長に就任。

第2話 スティーブ・ジョブズ アップル創業者

人生で、本当に大事なことだけに時間を使う

アップルの創業者スティーブ・ジョブズはパーソナルコンピュータや携帯電話で革命を起こし、音楽の聞き方や買い方を劇的に変え、アニメーション映画の世界にも革命を起こした世界屈指のイノベーターだ。

しかし、その華やかな成功の一方で、幾度もの挫折も経験している。

①自分が養子であるという出自に悩み、大学をわずか1学期で中退して「自分探し」をする ②スティーブ・ウォズニアックとアップルを創業したものの資金不足に苦しむ ③自分がスカウトしたCEOジョン・スカリーによってアップルを追放される ④ネクストやピクサーを創業したものの、10年近く赤字

続きで自己資金を注ぎ込み続ける⑤身売りか倒産しかないというアップルに復帰、再建のために大変な苦労をする⑥すい臓がんによる病気療養

普通の人なら諦めたくなるほどの挫折や苦難を乗り越えながら、数々のイノベーションを起こしたからこそ、人々はジョブズと彼の生みだした製品・サービスを愛し、彼が亡くなったあとも愛し続けている。

ジョブズは、なぜこれほどの苦難を乗り越えることができたのか。

答えは「**宇宙に衝撃を与えるほどのすごい製品をつくりたい**」という「思い」があったからに他ならなかった。

「**僕が得意なのは、才能のある人材を集めて何かをつくること**」であり、誰かが自分からその場所を奪ったとしたら、「**自分の居場所は自分でつくればいい**」というのがジョブズの考えだった。

周囲の心配の声を振り切って、倒産寸前のアップルに復帰

さて、アップルからの追放を経て、ピクサーの大成功により再び表舞台に戻

ったジョブズ。

倒産か身売りしかないといわれていたアップルへの復帰は、彼の名声を傷つける恐れの高いものだったが、ジョブズはそれを振り切って復帰を決めた。理由はこうだ。

「結局、そんなことはどうでもいいと気づいたんだ。だって、これこそが、自分がやりたいことだったんだから。ベストを尽くして失敗したら？　ベストを尽くしたってことさ」

ジョブズにとって、本当にやりたいのは「すごい製品とすごい会社をつくる」ということであり、その情熱こそが苦難を乗り越える原動力だった。

この地上で過ごせる時間には限りがあり、本当に大事なことを一所懸命にできる機会は2つか3つしかない。

ならば、人は若い頃から、自分にとって大事なことをたくさんしなければならないというのが、ジョブズの考えだった。

「これをやりたい」という情熱こそが苦難を乗り越えさせる

ジョブズを襲う数々の苦難

養子の出自に悩み、大学中退
資金不足
アップルを追放
赤字で自己資金投入
倒産寸前のアップルに復帰
ガン闘病

ジョン・スカリーによってアップルを追放される

【1985年】

自分がスカウトした人間に追放されるなんて…
君がいると経営が困乱する
アップルから出ていってくれ！
ジョン・スカリー

倒産寸前のアップルに復帰

【1996年】

よし、わかった!!
倒産しそう
ジョブズさん戻ってきて

本当にやりたいことにベストを尽くす

失敗するかどうかなんてどうでもいい
すごい製品とすごい会社をつくりたいんだ!!

【略歴】スティーブ・ジョブズ

1955年、米国サンフランシスコ生まれ。ゲームメーカーのアタリを経て、76年にアップルを創業。77年に「アップルII」、84年に「マッキントッシュ」を発売。85年にアップルを追放され、ネクストとピクサーを創業。96年にアップルに復帰、2000年にCEO就任。2011年56歳で永眠。

第3話

米山 稔（よねやまみのる）

ヨネックス創業者

「世の中で何が売れているのか」を自分の目で確かめる

今やバドミントンをはじめとする世界的ラケットメーカーであり、スポーツ用品メーカーとして名をはせるヨネックスだが、そこに至る道のりはピンチの連続だった。創業者・米山稔は転んでは起き上がり、その度に同社を大きく成長させたことで「越後の雪だるま」と呼ばれている。

新潟でゲタを製造する家に生まれた米山は、太平洋戦争期に陸軍工廠《りくぐんこうしょう》で木工技術を身に付けたあと、沖縄での激しい戦闘を経て帰郷、醸造用の木栓《もくせん》や魚網の浮きの製造を始めている。

事業は大成功し、「いっぱしの青年実業家気取り」の米山は、村会議員に当選するなど地元の名士となるが、1953年に大きな危機を迎える。

魚網の素材が木綿からナイロン製に変わり、浮きも桐製からプラスチックに変わったため、米山の浮きが全く売れなくなってしまったのである。

ところが、成功に胡坐《あぐら》をかいていた米山は、こうした変化に気づかず、それまで通り桐製の浮きをつくり続けていた。結果、残ったのは大量の在庫の山だった。

失敗続きの米山が成功したワケ

米山は村会議員を辞職、「**世の中で何が売れているのか、自分の目で見るしかない**」と全国行脚に出かけることにした。

そこで出会ったのがブームとなりつつあったバドミントンのラケット製造だった。ラケットなら得意の木工技術を活かせるとわかった米山は、バドミントンメーカーに売り込みをかけ、OEM（相手先ブランドによる製造）でラケット製造に乗り出すことにした。危機から4年後、57年のことだ。

それ以来米山は、常に世の中の動きに目を配り、情報収集を怠らず、何より「慢心は禁物」を心に刻んで活動をした。

ところが、米山の苦難はその後も続く。

唯一の取引先が倒産して多額の未収金を抱えた際には、自殺さえ考えた。しかし「もう一度死ぬ気でやり直すしかない」と自分を奮い立たせ、「自分でつくって自分で売る」ことを決意し、その後の道を切り開いている。

苦難はさらに続いた。工場が全焼したり、台湾メーカーなど低価格製品の流入に苦しめられるといった経験もしたが、その都度、若き日の教訓「順風満帆の中で危機は忍び寄る」を胸に逆境を乗り越えた。

どんな時も自分の手で道を切り開かなければならない、という米山の覚悟がヨネックスを世界的企業へと導いたのだ。

危機から学び、死ぬ気でやり直す

戦争を生きのび、事業は大成功

【戦後】
戦争では苦労したけど
事業は大成功したぞ!!
事業成功
村会議員当選

事業の成功に胡坐をかき、時代にとり残される

時代の変化に気づくのが
遅れてしまった
議員も辞職
大量在庫

「世の中で何が売れているか」自分の目で確かめる

よし!!
売れているものを
見極めよう
そうだ!!
バトミントンのラケットなら
得意の木工技術をいかせるぞ!!

道を切り開く覚悟で、困難に立ち向かい世界的企業にする

死ぬ気で
やり直すんだ!!
取引先倒産
工場の火災
海外低価格製品の流入

【略歴】米山 稔

1924年、新潟県長岡市に生まれ。太平洋戦争での激しい戦闘を経て帰郷、46年、家業の木工業を継ぎ米山製作所を創立。56年にバドミントンラケットの製造を開始、その後、テニス、ゴルフ、スノーボード用品に進出。2019年95歳で逝去。

第4話

カーネル・サンダース
ケンタッキー・フライド・チキン創業者

年齢を言い訳にせず、できることをコツコツやり続ける

今でこそ、60歳を過ぎて働く人は大勢いるが、今から70年近く前の1950年代に、60歳を過ぎて人生の再出発をするのは決して容易なことではなかった。もちろん、アメリカでもそれは同じだった。

ケンタッキー・フライド・チキン（ＫＦＣ）の創業者カーネル・サンダース（本名ハーランド・デーヴィッド・サンダース）も、自ら経営する国道沿いのレストラン「サンダース・カフェ」からほどない場所に、高速道路さえできなかったら、60歳を過ぎてＫＦＣを創業しようなどと考えることはなかっただろう。

１９３０年にオープンしたサンダース・カフェは、国道沿いにあって１４２

席も有する人気のレストランだったが、高速道路ができたせいでお客様の流れが変わり売上が激減、最終的には7万5000ドルで店を売却するほかなくなってしまった。

しかも、税金と未払い金を払うと、サンダースの手元にはほとんどお金は残らない。

65歳ですべてを失ったサンダースは、年金をもらいながら余生を送ることも考えたが、もらえる年金は月に105ドルだけ。

カーネルは自分の時代が終わり、新しい時代が始まっていることを感じながらも、「まだ自分にできることはないか」を模索し始めた。

「生涯働き続ける」という強い意志が、成功を引き寄せる

これまでも10を超える職種で転職を繰り返し、時に財産を失うなど幾度もの挫折を経験したサンダースは、**「何か自分にできることを見つけて生涯働き続ける」**と決意した。

そこで本格的にスタートさせたのが、レストランで人気のあった「フライドチキン」のつくり方（7つの島からとれた11種類のハーブとスパイスを使い、圧力鍋でつくる）を、他のレストランに売るというビジネスモデルだった。

以前、知り合いのピート・ハーマンがこのモデルで契約してくれていたことがきっかけとなって、カーネルは各地のレストランに飛び込んではフライドチキンの素晴らしさを紹介して回った。

寝るのは車の中、食べるのは試作品のフライドチキンだけという生活だったが、1000軒を超えるレストランを訪ね歩いた結果、レストラン売却から4年後の60年に、アメリカとカナダで200店ものフランチャイズ網を築き上げることができた。

自分の考えたフライドチキンへの絶対の信頼と、「自分にできることを生涯やり続ける」という信念こそが、世界中にKFCを広げる原動力となった。

自分にできることがある限り、人は年齢を理由に諦める必要はないのである。

どんな状況でも、決して自分から諦めることはしない

60歳を過ぎてからの再出発

高速道路ができて、お客さんが来なくなってしまった
サンダースカフェ
INN

生涯働き続けると決意

お店を売ったけれどお金は残らなかった
何か自分にできることを見つけて働き続けたい!!

「フライドチキン」の製法を売ることを本格化する

【1956年】

そうだ！フライドチキンの調理法を教えてお金をもらったことがあった！
「フライドチキン」の作り方を売って回ろう
〈65歳〉
圧力鍋製法
11種のハーブとスパイス

お店の売却から4年後　200店のフランチャイズ網を築く

【1960年】

60歳を過ぎてもまだまだできることがあるんだ!!
KFC
KFC

【略歴】カーネル・サンダース

1890年、米国インディアナ州生まれ。6歳の時に父親が死去、家計を助けるために働き始め、中学校を途中退学。転職を繰り返したのち、レストラン経営で成功。65歳の時にフライドチキンの調理法のノウハウをフランチャイズ化するため全米を回り始める。1980年、90歳で死去。

第5話 小林一三（こばやしいちぞう） 阪急阪神東宝グループ創業者

最後の最後は、自分1人で決める

小林一三少年は、早くに母親を亡くし、父親とも生き別れ、幼くして「孤児」となったが、生家が豪農豪商であったため何不自由のない生活を送った。学生時代も文学青年として自由気ままな生活を送り、三井銀行に就職してからも、生家からの仕送りで茶屋遊びにうつつを抜かしている。

三井銀行のいくつかの支店勤務を経たあと、東京深川支店所属倉庫を分離して新設することになった箱崎倉庫の主任として栄転することが決まった。

しかし、なぜかその辞令が一夜にして撤回された上、次席に格下げ、1年半後には本社調査課へと左遷されている。

それは小林が、「足掛け7年、紙屑籠の中に長く長くくすぶって暮らしてきた」と評するほどのもので、苦労知らずできた小林もここで退社を決意する。

そこで、知人から誘いのあった証券会社の立ち上げに参加する予定だったのだが、折からの不況で話が頓挫《とんざ》。「暗黒の境地とは、こういう状況なのか」というほどの恐怖を感じたという。

孤立無援の戦いに、たった一人で立ち向かう

そんな小林に持ち込まれたのが、倒産確実と見られていた鉄道会社への就職だった。

計画されていたのは大阪の梅田と池田間を結び、有馬に延びる路線だが、当時は人家もまばらで採算の見込みはなかった。

それでも小林は、何とか方法はないかと計画路線を二度ばかり歩いて往復するうちに、「沿線に住宅地を開発して、分譲してみてはどうだろう」と考えるようになった。

問題は資金だった。頼りにしていた人からは、「自分一生の仕事として、責任をもってやってみせるという決心が必要ではないか」と覚悟を求められた上、社内にも賛成する人はいなかった。

いわば孤立無援の闘いだが、**小林は最終的に金銭面を含め、すべての責任は自分1人が負うという覚悟をもって鉄道建設に着手、鉄道路線と並行して分譲地の販売も開始した。**

責任はあまりに重かったが、お金を含めて全責任を負う以上は役員や株主の承諾も不要、相談もしないというフリーハンドを得たことで、事業は小林の一存でどんどん進んでいった。

その後、沿線周辺にデパートや宝塚歌劇場も建設するという日本初の電鉄経営モデルを打ち立て、小林は大成功を収める。

イノベーションは「委員会」からは生まれないというが、同社が日本初のビジネスモデルを生み出せたのは小林1人が責任を負い、すべてを決断したからなのだ。

責任を一身に負うことで自由な発想を得る

栄転から一転、一夜にして降格

よーし
栄転だ!!
三井銀行
がんばるぞ!!
次の日
栄転撤回!?
次席に格下げ!?

会社を辞めて、倒産寸前の鉄道会社へ

左遷されて、
退職したものの
なにもかも
うまくいかない……
倒産確実の
鉄道会社か。
面白いかも!

孤立無援で全責任を負う強い決意をする

鉄道と住宅開発
をセットでやってみよう。
娯楽施設も作ろう。
責任はすべて取る!!
そのかわり
私の思った
通りにやるぞ!!
分譲すれば
売れるかも
しれないぞ

日本初のビジネスモデルを生む

電鉄経営モデル
大成功!!
阪急
東宝

【略歴】小林一三

1873年、山梨県韮崎市生まれ。大学卒業後、三井銀行に入行。1907年、同行を退社して箕面有馬電気軌道の設立に参画、専務に。10年、梅田—宝塚線営業開始。29年、日本初のターミナルデパート、阪急百貨店開業。37年、東宝映画を創設。57年、84歳で永眠。

第6話

盛田昭夫（もりたあきお）ソニー創業者

トップが「責任をとる」と言うと、社員は挑戦しやすくなる

終戦の翌年、井深大と盛田昭夫の手によって誕生したソニーの特徴は、「他人のやらないことをやる」と「世界中を相手に仕事をする」だ。

ソニーが初めて世界へ打って出たのはトランジスタラジオによってだが、ソニーという名前を世界的ブランドに押し上げたのは、まぎれもなく「ウォークマン」の大ヒットだった。

1970年代後半、ステレオタイプのテープレコーダーは家庭に広く普及していたが、携帯できるものの多くはモノラルタイプだった。

しかし、出張先でステレオ音楽を聴くのを好んだ井深は、ソニーの小型テー

プレコーダー「プレスマン」の改造を部下に依頼、大きなヘッドホンで音楽を楽しんでいた。

そこで、井深がお気に入りの改造版プレスマンを盛田に見せたことから「ウォークマン」の開発はスタートする。

盛田のこのひと言がなかったら、「ウォークマン」は存在しなかった

79年2月、盛田は会議室に担当者を集め、若者が音楽を外へ持って出かけることができる、ヘッドホンつき再生専用機の商品化を指示した。しかも夏休み前の発売で、かつ値段も4万円以下と決めた。

つまり、発売までの期間はわずか4ヶ月であり、反対意見は山と出た。

「その価格では原価割れする」「録音機能のないものを買う人がいるのか」「型を起こす時間がない」「音の出ない機械を聞いていたら、耳が遠いと誤解される」「月に3万台売らないと元はとれない」……。

盛田はこうした意見一つひとつに反論したが、それでも担当者たちは首を夕

テに振らない。そこで、盛田はこう言い切った。

「3万台売れないんだったら、俺は会長を辞めてもいい。会長命令だ、やれ。問答無用でやれ」

盛田のこの迫力十分の言葉を前に、最後は全員が同意するほかなかった。

こうして完成した「ウォークマン」だったが、当初は冷ややかな声が少なくなかった。しかし、若者を中心に口コミで広がり始め、79年8月には「丸井」だけで、月に1万台もの注文が入るようになった。

やがて「ウォークマン」は社会現象となり、93年までの13年間で世界で1億台を売り上げる大ヒット商品となった。

あのスティーブ・ジョブズがｉＰｏｄ発売に際し、「21世紀のウォークマン」と呼んだことからも、いかに画期的な商品だったかがよくわかる。

新しい挑戦には、いつだってリスクがつきものだ。人はリスクを恐れて挑戦しないのではない。責任を問われることを恐れて、挑戦を避ける。

その背中を押すのが、トップの**「俺が責任をとる」という覚悟である**。

人はリスクを恐れるのではなく、責任を問われることを恐れる

夢は世界へ打って出ること

【1946年】

東京通信工業（現・ソニー）誕生

他人のやらないことをやる。世界を相手に仕事をする
井深大
盛田昭夫

ヘッドホン付き再生専用機の開発は反対多数の中でスタート

【1979年2月】

4ヶ月で発売する！
値段は4万円以下
時間がない
月に3万台は売らないと……

社員の背中を押すのはトップの覚悟

俺が責任をとる！
3万台売れなければ俺は会長を辞める！
わかりました
やりましょう

「ウォークマン」で世界的ブランドへ

「世界初」のポータブル音楽プレイヤー「ウォークマン」誕生
SONY
WALKMAN
13年間で世界で1億台の大ヒット!!

【略歴】盛田昭夫

1921年、愛知県名古屋市生まれ。46年、井深大と共にソニーの前身・東京通信工業株式会社を設立。50年、日本初のテープレコーダーを発売。71年、ソニー社長、76年に会長。79年、ウォークマンを発売。99年、78歳で死去。

第7話 高田 明（たかたあきら）ジャパネットたかた創業者

その日できることを「300%の力」で取り組む

「テレビショッピング」と言えば、ジャパネットたかたの髙田明の顔と、あの独特のしゃべりを思い浮かべる人が多いのではないだろうか。

髙田が父親や兄弟と経営していた「カメラのたかた」から独立して「株式会社たかた」を設立したのは１９８６年（37歳）のことだった。

カメラのたかた時代、髙田明は生まれ故郷の平戸で観光に来る団体旅行のお客様の写真を撮影して販売するという観光写真の仕事を行《おこな》っていた。

しかし独立後はソニーの特約店となり、ハンディカムを月に１００台販売して九州で一番の特約店となっている。この時からすでに「販売の達人」ぶりを発揮していた。

転機は、髙田自らがラジオマイクの前に座ってしゃべったラジオショッピング（90年3月スタート）だった。

当時、同社は地元でラジオCMを流していたが、自ら5分間カメラについて話したところ、実に50台・100万円もの金額を売り上げた。

そこで「ラジオの力」を実感した髙田は、「毎日でもやりたい、全国どこの放送局でも営業しよう」と考えるようになった。

もちろん長崎の小さな会社が、全国で放送するのは容易ではない。当時のラジオ通販には「1万円以上のものは売れない」という常識があったのだ。

しかし、髙田はコツコツと実績を積むことで全国ネットを完成、ついには20万円を超える書院パソコンさえ数千台も販売するほど力をつけた。

50万件を超える顧客情報が流出。その時髙田がとった行動とは？

その後、同社はテレビショッピングなどを武器に年商700億円を超える会社へと成長するが、2004年3月、50万件超の顧客情報の流出事件が発覚したことで逆風にさらされる。

が、事件を知ったあとの髙田の対応は素早かった。発覚後すぐさま記者会見を開き、ラジオ、テレビでの活動自粛を発表している。

活動自粛はそのまま約150億円の機会損失を意味したが、髙田は「**売上が落ちても、業績が悪化しても、お客さまからの信頼だけは失ってはいけない**」として、決断している。

結局、売上は大幅にダウンしたものの迅速で潔い対応が評価され、翌2005年度には売上高は900億円を突破、V字回復を果たしている。

髙田は言う。

「**その日できることを、一生懸命、自分の力の300%を注ぎ込む**」。

この時も、逆境にあっても決して守りに入らず、攻めの姿勢で、「今できる最高の努力をした」ことが同社の信頼を守り、さらなる成長をもたらすこととなった。

今できる最高の努力で、お客様の信頼を得る

家族経営から独立、株式会社たかたを創業

【1986年】
37歳で独立

ラジオショッピングをやってみよう
よーし がんばるぞ!!
ソニーの特約店となる
ハンディカムを月100台販売

1万円以上のものは売れないというラジオショッピングの常識を覆す

ラジオの力は すごい!! 毎日でもやりたい!!
書院パソコン
ハンディカム

テレビショッピングに進出するも、顧客情報が流出

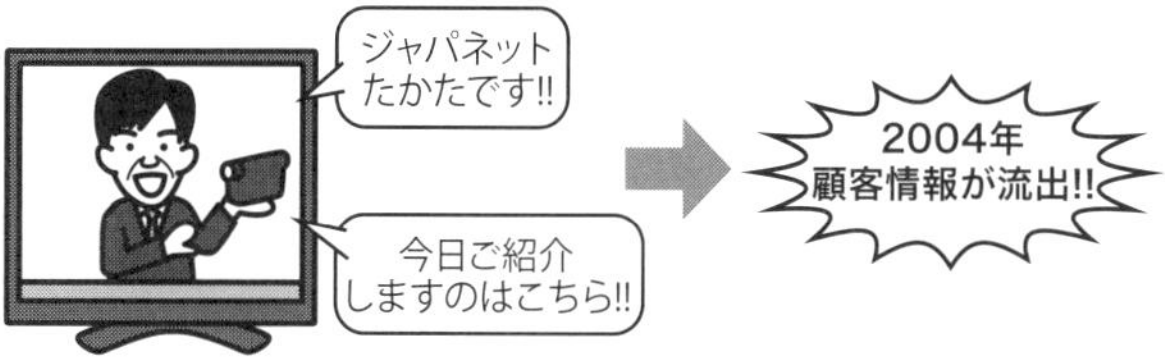
ジャパネット たかたです!!
今日ご紹介 しますのはこちら!!
2004年 顧客情報が流出!!

即座に記者会見で謝罪。迅速で潔い対応が評価される

【2004年】

誠に申し訳 ございませんでした。 活動を自粛いたします
お客様の信頼だけは 失うわけにはいかない!!
翌2005年度 売上は900億円を 突破

【略歴】高田 明

1948年、長崎県平戸市生まれ。父親の経営する「カメラのたかた」を経て、86年、「株式会社たかた」を設立。99年、社名を「ジャパネットたかた」に変更。2015年に同社を長男の旭人に譲り、現在はA and Live代表取締役。

第8話

岩田 聡（いわたさとる）

任天堂元社長

コアユーザーばかり見るのではなく、マスユーザーを意識する

技術者には、つくる製品に最新の技術を組み込みたいという欲求が常にある。もちろんお客様のために良かれと思ってやっているわけだが、実はお客様の大半はそんなものを望んでいないことを知り、愕然とする瞬間がある。

任天堂の創業は1889年と古いが、1949年に弱冠22歳で3代目社長となった山内溥《やまうちひろし》の下、83年にファミリーコンピュータを発売、家庭用ゲーム機業界に革命を起こす。

その後も任天堂は85年に発売したスーパーマリオブラザーズの世界的ヒットによって、ゲーム業界のパイオニアにしてトップランナーに君臨する。

しかし、94年、ソニーの発売した「プレイステーション」の登場で状況は一変。家庭用据え置きゲーム機の分野で、ソニーの後塵《こうじん》を拝してしまったのだ。

ただ、そんな状況を山内はこう見ていた。

「画像や迫力ばかり追い求めるゲームづくりをしていては、いずれユーザー離れが起き、ゲームビジネスそのものがダメになる」

そこで山内は、2002年5月、社長の座を42歳の岩田聡に譲る決断をする。そして社長の座を譲り受けた岩田も、山内と同じ危機感を共有していた。

確かに市場に出るゲームの画像や迫力はどんどん上がっていたが、子どもも大人も楽しめるスーパーマリオのようなゲームが減っていたのだ。

「僕らがもっと素晴らしいゲームをと頑張った結果、時間やエネルギーをゲームに割けない人たちが『もういいや』と、静かに立ち去っていった」と言うのが岩田の分析だった。

そこで、任天堂の、そしてゲーム業界の未来を危惧した岩田は「**ゲームから離れてしまったユーザーを呼び戻すことが必要だ**」と宣言する。

自社のことばかり考えるのではなく、業界全体のことを考える

それは従来の開発姿勢からの転換を示唆しており、また「新しいアイデアや楽しさを提供する」＝「娯楽に徹する」、つまり、任天堂が原点回帰することをも意味していた。

その岩田の下、任天堂はニンテンドーＤＳやＷｉｉを開発、そこから大人から子どもまで一緒になって楽しめる「脳トレ」やフィットネス、スポーツ関係のソフトが数多く誕生した。

こうしたゲームの成功は、かつてのゲームファンを引き戻しただけでなく、ゲームに興味のなかった人たちまで惹きつけ、岩田の言う**「すそ野の拡大」に大きな役割を果たすこととなる**。

岩田は２０１５年、55歳の若さで亡くなったが、社長在任中に岩田が目指した「ゲーム人口の拡大」は、その後「あつまれ　どうぶつの森」や「ポケモンＧＯ」に引き継がれ、現在の世界的大ヒットにつながっている。

原点回帰で、ゲーム業界のすそ野の拡大に貢献

42歳で任天堂の社長に就任

【2002年】
頼む!!
ハイ！
Nintendo
山内溥
岩田聡

ゲーム業界の未来を危惧

子どもも大人も楽しめるゲームが減っている!!
声の大きいユーザーだけを見ていては、ゲーム業界は衰退する
迫力と画像ばかりを追い求めていてはユーザーが離れてしまう…

従来の開発姿勢の転換と原点回帰

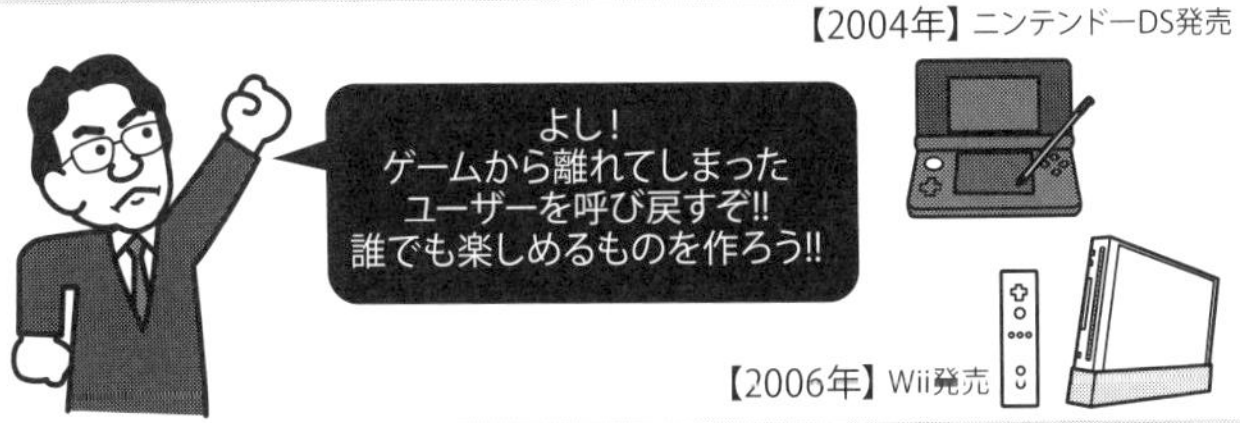
【2004年】ニンテンドーDS発売
よし！
ゲームから離れてしまったユーザーを呼び戻すぞ!!
誰でも楽しめるものを作ろう!!
【2006年】Wii発売

ゲームに興味がなかった人にも広がる

【略歴】岩田 聡

1959年、札幌市生まれ。大学在学中からゲームソフト開発のHAL研究所で働き始め、正社員に。93年、同社社長、2000年に任天堂の山内社長に請われ任天堂に入社。2002年、同社社長になるも、2015年、胆管腫瘍にて55歳の若さで死去。

第9話

リード・ヘイスティングス
ネットフリックス創業者

巨大な敵と戦う時は「熱意」と同じくらい「冷静な分析」が大切

映画の見方だけでなく、映画のつくり方まで変え、今や世界190ヵ国、約2億人の人々が視聴するネットフリックス。しかし、創業からの数年間は巨大なライバルを相手に、生きるか死ぬかの戦いを強いられている。

ネットフリックスの創業者リード・ヘイスティングスは裕福な家庭に生まれ、教育環境にも恵まれていた。

スタンフォード大学でコンピュータサイエンスの博士号を取得したヘイスティングスは、1991年にピュア・ソフトウェアを創業、95年には株式公開を果たしている。97年に株を売却した後、同社で知り合ったマーク・ランドルフと立ち上げたのがネットフリックスだった。

街のレンタルビデオ店でビデオを借りることが主流だった当時、2人は「映画作品を郵便で定額レンタルする」という画期的なサービスを考案、97年にネットフリックスを創業している。時代はビデオからDVDへの移行期にあり、DVDプレーヤーもインターネットも徐々に家庭へと普及し始めていた。

ちなみに、アマゾンがネットで本を売り始めたのは、この2年前である。

当初、ネットフリックスのCEOはランドルフであり、ヘイスティングスは投資家的な立場だった。しかし、98年に1100万ドルの赤字を計上して財政難に陥った際、投資家たちの信頼が厚いヘイスティングスがCEOに就任、会社の雰囲気が、家族的職場から競争至上主義に変わったといわれている。

強大な敵を相手に消耗戦を仕掛け、勝利する

ただ、ヘイスティングスが戦うべきライバルはあまりに多く、巨大だった。

2001年、アメリカではドットコム・バブルが崩壊した上、大手ビデオレ

ンタルチェーンのブロックバスターが、オンラインDVDレンタルを開始、アマゾンもDVDレンタルに参入するという噂が流れていた。

悪いニュースが続いたことで、ネットフリックスの株価は大幅に下がったものの、ヘイスティングスは、こう宣言して周囲を驚かせる。

「**われわれは全力で立ち向かい、勝つつもりです**」

その陰で**ライバルを冷静に分析、ブロックバスターが巨額の損失に耐えられなくなることを見越して、それまでは「何年でも収支トントン戦略を続ける」ことを明言した**。結果、消耗戦に音を上げたブロックバスターは攻勢を休止し、アマゾンは、アメリカ国内でのネットフリックスとの勝負を回避した。

その後、ネットフリックスの契約者数は420万人（2005年）にまで増え、時価総額においてもブロックバスターを抜き業界首位に躍り出た。

ネットフリックスは、巨人ブロックバスターやアマゾンとの戦いを制したことでその評価を高め、成長を加速させることができた。

相手を知れば、巨大な敵にも勝てる

レンタルの画期的なサービスを開始

【1997年】

映画を
郵便で定額レンタル
するサービスを作ろう！
君がCEOを
やってくれ
わかった
リード・ヘイスティングス
マーク・ランドルフ

大赤字で財政難に

【1998年】

よし！
私がCEOをやろう!!
1100万ドルの
赤字
大赤字だ

勝つためには相手を知ること

【2002年】

消耗しなければ勝てる！
収支トントンでいこう！
BLOCKBUSTER
うちも
オンライン
レンタル
開始だ
amazon
うちも
参入するぞ

巨大なライバルとの戦いに勝利

【2005年】

時価総額
業界一位!!
ネットフリックス
契約者数
420万人だ！
まいった
amazon
BLOCKBUSTER

【略歴】リード・ヘイスティングス

1960年、米国ボストン生まれ。海兵隊の士官学校に入学後、平和部隊のボランティアとしてアフリカへ。帰国後、スタンフォード大学を経てIT企業を創業。97年にネットフリックスを創業、98年CEO。2007年に動画配信サービスをスタート、2012年オリジナル作品の制作を開始。

第10話

ビル・ゲイツ
マイクロソフト創業者

「圧倒的な製品」をつくり出すことで、巻き返しを図る

ビル・ゲイツがコンピュータの世界に入ったのは、世界初のパーソナルコンピュータ「アルテア８８００」のために「ＢＡＳＩＣインタプリンタ」（プログラム言語で書かれたプログラム）をつくろうと思ったことがきっかけだった。

ゲイツは、「何もない」にもかかわらず、販売会社のＭＩＴＳ社に売り込みをかけ、ポール・アレンとともにわずか８週間で、マイクロコンピュータ用「ＢＡＳＩＣインタプリンタ」をつくり上げた。

この時、ゲイツは、誰もが自分のコンピュータを持つ時代がきて、ソフトウエアを書く自分には山ほど金儲けのチャンスがあるとして、マイクロソフトを

設立している。1975年のことである。目指したのは、「自分たちが標準をつくり出す」ことで、ソフトウェア業界を支配することだった。

その後、IBMからOSの開発を依頼されたゲイツは、シアトル・コンピュータ・プロダクツから86-DOSのすべての権利を買い取ってIBM-PC用に改良、PC-DOSとして納入するとともに、MS-DOSという名前で他のコンピューターメーカーにライセンスを供与、成長の礎を築いている。

拙速路線を転換、ダントツ戦略で覇権を握る

将来は安泰に見えたが、ゲイツはさらなる飛躍のためにゼロックスPARC社で見た技術を取り込んだ「ウィンドウズ」の開発に着手する。

83年11月、ゲイツはいつものように「まだ設計すらできていない」にもかかわらず、「ウィンドウズ」を発表、84年末までにはIBM-PC互換機のほとんどが、ウィンドウズを使うだろうと予測した。

しかし、この時はゲイツの思惑通りにはいかなかった。発売は遅れ、危機が

何度も訪れた。

84年1月、『フォーチュン』誌は、「成否はウィンドウズにかかっている。もし業界の標準になれないとしたら、即座に消費者市場を魅了するようなチャンスは、もうマイクロソフトにはないかもしれない」と論評した。

それまでのゲイツは、他社よりもいち早く製品を作って出荷、問題はあとで解決するやり方を得意としていたが、ウィンドウズに関しては逆だった。

「もう出さなくちゃ」とせかす周囲に「**僕たちが出す製品は、ほかのどの製品よりもズバ抜けていなくてはいけないんだ**」と頑《かたく》なに拒否し続けた。

そして発表から2年後の85年、ようやく「ウィンドウズ1.01」が完成した。

残念ながら、「ウィンドウズ1.01」はヒットしなかったが、ゲイツは諦めることなく改良を続け、90年の「ウィンドウズ3.0」で市場の大半を支配する。

そして、95年の「ウィンドウズ95」で業界の覇者となった。**ゲイツの粘り強さが、勝利を引き寄せた瞬間だった**。

諦めの悪さと粘り強さで業界の覇者となる

目指したのは自分たちが「標準」をつくり出すこと

【1974年】

BASIC
インタプリンタ
つくります！
まだ何も
ないけど（笑）
MITS社
お願いします！

業界大手と組み、成長の礎を築く

任せて下さい!!
IBM
OSの
開発を頼む

ウィンドウズの開発が遅れ危機に直面する

【1984年】

ウィンドウズを
発表したものの
思うような製品が
できない……
でも絶対に
諦めるものか!!
成否はウィンドウズ
にかかっている
FORTUNE

ウィンドウズ95で業界の覇者となる

【1995年】

粘り勝ちだ!!
Windows95

【略歴】ビル・ゲイツ

1955年、米国シアトル生まれ。ハーバード大学在学中の75年、ポール・アレンと共にマイクロソフトを創業。95年の「ウィンドウズ95」によってパーソナルコンピュータ業界の覇者となる。2000年1月、CEOをスティーブ・バルマーに譲り、現在はビル&メリンダ・ゲイツ財団の会長。

第11話

鈴木敏文（すずきとしふみ）

セブン-イレブン育ての親

使えるものがない。ならば、つくればいい

日本人の消費行動を変え、今や国民のライフラインともなったコンビニ。業界のトップリーダーである「セブン-イレブン」はスーパーのイトーヨーカ堂を母体に誕生した。

1971年、当時スーパー業界8位だったイトーヨーカ堂は、さらなる成長に向けてアメリカのストアチェーンからノウハウを導入したいと考えていた。その候補に挙がったのが、コンビニエンスストアのセブン-イレブンと、コーヒーショップチェーンのデニーズだ。

その交渉役を任されたのが、当時39歳の鈴木敏文である。

鈴木は、生え抜きではなく出版物卸会社の東販（現・トーハン）を経て、63年にイトーヨーカ堂に入社、人事部長を務めるなど管理畑の人間だった。

鈴木は当時セブン-イレブンの本部会社であるサウスランド社との交渉を通じて、「日本でもやれる」と確信したが、外部の専門家はもとより、イトーヨーカ堂社内も否定的だった。

しかし高度成長は終わり、環境の大きな変化に危機感を覚えていた鈴木は、サウスランド社とハードな交渉を続け、73年11月、契約締結にこぎ着ける。

役に立たないマニュアルを前に、鈴木がとったある行動とは？

ところが、大きな誤算があった。鈴木はサウスランド社のノウハウを「日本で活かすことができれば、大型店との共存共栄のモデルを示せるはずだ」と期待していたが、送られてきた経営ノウハウ書やマニュアル書は、「日本では通用しない」ものばかりだった。使えるのは会計システムぐらいで、鈴木は「失敗した」と後悔したが、今さらやめるわけにもいかない。

そこで鈴木は、「**サウスランド社のマニュアルが役に立たない以上、自分たちですべてをゼロからつくり上げるしかない**」と覚悟を決める一方、73年11月、社員15名で新会社ヨークセブン（のちのセブン-イレブン・ジャパン）を立ち上げる。

そして、そこから当時の流通業界の常識を破る共同配送（地域別に担当メーカーが他社製品も混載する配送方法）やPOSの導入、年中無休のための正月の商品配送、さらにはアメリカ型のファストフードに代わる日本のおにぎりやお弁当の販売など、革新的なシステムやサービスを誕生させている。

いずれもマニュアルにはないものばかりであり、メーカーや問屋からは猛烈な反対を受けた。しかし、鈴木と社員たちは**「『顧客のために』ではなく、『顧客の立場で』考える」ことで反対する人を説得、今に続く日本型コンビニエンスストアの基礎を形作る。**

74年に1号店が誕生したセブン-イレブンは、79年に東証二部上場を果たし、現在、日本で2万店超、世界で7万店を超える規模となっている。

ないのならつくり出せ!!

アメリカのストアチェーンのノウハウ導入を目論む

【1971年】

もっと
成長するために
アメリカのチェーンの
ノウハウを導入しよう!!
セブン-イレブン
の本部と
交渉してきます!!

契約締結したものの日本で通用しないマニュアルばかり

これは日本で
使えない……
サウスランド社
マニュアル
どうぞ

米セブン-イレブン本部

自分たちで「ゼロ」からつくり上げる

自分たちで
やるしかない!!
共同配送
おにぎり
お弁当
POS導入
年中無休

日本型コンビニエンスストアの基礎をつくる

【現在】

常に顧客の立場
で考えるんだ
日本で2万店超、
世界で7万店超!!

【略歴】鈴木敏文

1932年、長野県生まれ。東京出版販売（現・トーハン）を経て、63年、イトーヨーカ堂に入社。73年、ヨークセブン（のちのセブン-イレブン・ジャパン）を設立し、専務。92年、イトーヨーカ堂代表取締役社長、2005年、セブン&アイ・ホールディングスCEO。現在、同社名誉顧問。

第12話

小倉昌男（おぐらまさお）
ヤマト運輸元社長

自分が正しいと思った時は、安易に妥協しない

1971年、小倉昌男が46歳で父親の会社である大和運輸（現・ヤマト運輸）を継いだ時は、かつての栄光は消え「ガタガタの状態」だった。

そんなヤマト運輸を再建するにあたり、小倉は家庭から家庭へ荷物を運ぶサービスを打ち出した。

それまで同社は、百貨店配送など企業の荷物を扱っていただけに、個人相手のサービスを展開するというのは、大きな賭けだった。

需要の読めない商売など成り立つのかという声が多かったが、小倉は新しい市場を開拓するほかはないと考え、新サービスを開始する。

しかし、76年にスタートした宅急便事業の初日の取扱個数は、わずか11個。当然、利益は出ない。が、「**サービスが先、利益は後**」と推進し続けた結果、80年度、取扱個数は国鉄（現・JR）小荷物と並ぶ3330万個を突破、経常利益も前年度の3・3倍となった。

『足して2で割る』を絶対認めない

しかし、ここで大きな問題が立ちふさがる。路線トラックは免許制であり、地元業者の利益を守るために、運輸省がヤマト運輸に簡単に許可を出さないエリアがあった。

この時、周囲からは「政治家にお願いしたら」という声が挙がった。

しかし、小倉は、「**自分が政治家の力を借りれば、反対業者も同じことをして結局は『足して2で割る』妥協案に落ち着いてしまう**」として、決して政治家を頼ろうとはしなかった。

官僚の壁に突き当たっても、業者が反対しても、利用者のために自分が正しいことを堂々と主張するというのが、小倉の覚悟だった。

小倉は運輸大臣を相手に行政訴訟を起こしたり、新サービスができないのは「運輸省の認可が遅れているためだ」といった新聞広告を載せるなどして徹底抗戦を図った。その結果、ヤマト運輸は認可を得ることに成功する。

小倉にはいつも、「すべては優れたサービスをお客様に提供するため」という気持ちが根底にあった。

企業というものは、ともすれば自分たちの都合を優先して、お客様に不便を強いることが少なくない。

「壊れないようにしっかり荷造りしろ」は企業の論理だが、お客様の側に立てば、「壊れないように運ぶのがプロ」となる。

「せっかく荷物を持っていったのに不在だった」は企業の論理だが、お客様の側に立てば、「自分が家にいる時に持って来てほしい」となる。

小倉たちがお客様の立場に立って、宅急便を使いやすく便利なものに進化させたことで、宅急便は社会にとって欠くことのできないインフラとなった。

安易に妥協せず、徹底して信念を貫く

会社を再建するため、個人相手のサービスを開始

私が
会社を立て直す!!
家庭から家庭へ
荷物を運ぶ
サービスを始めよう！
宅急便

サービスが先、利益は後

初日
取扱個数11個
5年後
年間3330万個
突破!!

安易に妥協せず、正しいことを堂々と主張する

徹底抗戦!!
優れたサービスを
お客様に
提供するためだ！
訴訟
○×新聞
運輸大臣

宅急便は社会に不可欠なものとなった

企業は
自分たちの都合を
優先してはいけない
徹底的に
お客様の側に
立ってサービスをする!!
宅急便

【略歴】小倉昌男

1924年、東京生まれ。東京大学経済学部卒業後、48年、大和運輸（現・ヤマト運輸）入社。71年社長。76年、宅配便業務を開始し、流通・物販革新のうねりを起こす。87年、会長。2005年、80歳で永眠。

第13話

ウォーレン・バフェット
バークシャー・ハサウェイCEO

周りに流されるのではなく、「内なるスコアカード」で勝負する

ウォーレン・バフェットは「世界一の投資家」と呼ばれ、「オマハの賢人」として、世界中の人の尊敬を集める存在だ。

バフェットは2020年8月、日本の5大商社に投資を行っているが、それが世界の大きなニュースになるところに、90歳を過ぎてなおバフェットの影響力の大きさを感じさせられる。

そんなバフェットが、初めて株式投資を行ったのは1941年、11歳の時だった。

チューインガムやコカ・コーラを売って手にした120ドルで株を買い、数

ドルの儲けを手にしている。

そしてこの時、バフェットは、**「買った時の株価ばかりに拘泥《こうでい》してはならない」「慌てて小さな利益を得ようとしてはいけない」**という教訓を得ている。

やがて「生涯の師」ともいえるベンジャミン・グレアムに出会ったバフェットは、父親の証券会社とグレアムの会社で働いたのち、自らの出身地である田舎町オマハで、株式投資のみで生計を立てる道を選んでいる。

尊敬できる人の下で働くか、さもなくば独立するというのが、バフェットの基本思想だ。

「時代遅れ」と批判されても、絶対自分の信念は曲げない

バフェットの投資哲学は、①短期の売買などせず、すぐれた株をまずまずの価格で買って長期保有する ②株価に一喜一憂せず事業の中身に注目する ③分散投資ではなく、優れた企業に集中投資する ④自分が本当に理解できる事業に投資する、などウォール街的な考え方とは一線を画するものばかりだ。

そのため、バフェットは人気のＩＴ株などには目もくれず、自分が本当に理解できる、どんな環境でも成長が期待できる企業に投資することが多い。

ただ、そのせいで、他の投資家や批評家から「時代遅れ」「昔日の象徴」などと痛烈に批判されることもある。

しかし、そんな逆風の中でも、バフェットは決して自分の信念を曲げることはない。

大切なのは、**「周りが正しいと言っているから」ではなく、「自分が正しいと信じていることをやる」ことだ。それこそがバフェットの言う「内なるスコアカード」である。**

結果、半年、1年と経つうちに流行の株は株価を下げ、多くの人が損害を被る中、バフェットはしっかりと利益を上げ、「やはりバフェットの言うことは正しかった」と評価を上げることにもつながっている。

流行に背を向け、周りから非難されるのは辛く厳しいものだが、そんな時にも自分の信念を守ることこそが、難局を乗り越える力となる。

「何が正しいか」は自分で決める

11歳で初めて株式投資をする

【1941年】

やった～！　株で
儲かった～!!
株

証券会社勤務を経て、田舎町で株式投資のみで生活

株式投資
はどこに住んでいても
できるんだよ

ウォール街的な考えとは一線を画す

投資は流行に左右
されず、自分が
正しいと信じている
ことをやるんだ!!
短期売買
一喜一憂
分散投資
長期保有
事業の中身に注目
集中投資

「世界一の投資家」「オマハの賢人」と呼ばれる

流行に左右された
人々が損害を受けても、
私はしっかり
利益を出している
90歳の今も
現役だよ

【略歴】 ウォーレン・バフェット

1930年、米国オマハ生まれ。6歳で小さなビジネスを始め、11歳で初めて株式を購入する。大学ビジネススクールを卒業後、父親の証券会社と資産運用会社勤務を経て、バフェット・アソシエイツ社を設立。65年、バークシャー・ハサウェイの経営権を取得、現在、同社会長兼CEO。

第14話

似鳥昭雄（にとりあきお）　ニトリ創業者

あなたはただ考えるだけの人か？ 本気で実行する人か？

ウォーレン・バフェット（P60）によると、クラスの中で最も成功するのは、勉強できる子でも、女の子にモテる子でもなく、最も実行力のある子だという。その説の正しさを証明しているのがニトリ創業者・似鳥昭雄である。

4人兄妹の長男として札幌で育った似鳥だが、子ども時代はハチャメチャだった。母親のヤミ米販売を手伝い、勉強する時間も満足になかったため、小中高と成績はいつも最下位グループ。

何とか大学に進んだものの、学費は自分で稼がなければならず、アルバイト漬けの日々を送り「大学で学んだことはほとんどなかった」と言っている。

卒業後、実家の家業を含めて就職したもののうまくいかず、何で身を立てるかあれこれ考えた末思いついたのが、父親の会社似鳥コンクリート工業が所有する30坪の土地と建物を使って家具屋をやることだった。

そして、1967年、23歳の時に親兄弟から借りたお金を元手に、札幌に「似鳥家具店」を開店、数年後には「似鳥家具卸センター株式会社」を設立し、現在の「ニトリ」の前身である家具の卸売りに着手する。

ロマンが人を動かす

家具の仕入れ経験のないまま1号店を出店したあと、何とか借金をして250坪の2号店を出した似鳥だが、すぐ近くに1200坪の大型家具店ができたことで、売上が大幅にダウンする。

「このままでは倒産する」と感じた似鳥は、「死ぬことばかり考える」ようになったという。そんな似鳥にアメリカの家具店を視察するセミナーへの誘いが舞い込む。「藁《わら》にもすがる気持ちでの参加」だったが、そこで似鳥は日本の家具がアメリカより3倍も高いことを知り、こう考えるようになる。

「**日本でも米国の豊かさを実現したい。自分の力で給料を3倍にすることはできないが、価格を3分の1に下げることはできるかもしれない**」

当時、そのセミナーに参加した仲間たちとそんな話をしたが、実際に行動に移したのは似鳥だけだった。

さらに似鳥は、「最初の10年は店づくり、次の10年は人づくり、その次の10年は商品づくり」という計画を立案、それを実行し始める。

途中、倒産の噂がたったり、20人の社員が5人になったこともあったが、「**日本に米国並みの豊かな生活をもたらす**」という目的があったからこそ、乗り越えることができた。

人はロマンと夢があれば、「どうすればいいか」と必死に考えるし、ひたむきに実行することができる。

セミナー参加から31年目の2003年、ニトリは目標の100店、1000億円の売上を達成する。

夢を本気で実行に移す

家具屋を始めたものの大型店におびやかされる

このままでは
倒産する……
大型店
家具
家具

失意の中参加したセミナーでアメリカの家具が安価なことを知る

安い!!
価格が
日本の3分の1だ
アメリカの家具店を
視察するセミナー

夢をもとに計画を立て実行に移す

日本でも米国のような
豊かさを実現したい

- 最初の10年は店づくり
- 次の10年は人づくり
- その次の10年は商品づくり

ロマンと夢があるからこそ必死に考え実行できる

【2003年】

目標の
100店達成！
売上1000億円
達成!!!
ホームファッション
ニトリ

2020年2月期	
店舗数	売上
607店	6422億円

【略歴】似鳥昭雄

1944年、樺太生まれ。似鳥コンクリート工業や広告代理店を経て67年にニトリ1号店を開業。72年、似鳥家具卸センターを設立、米国を視察するセミナーに参加。75年、日本初のエアドーム店を開業。87年、年間売上高100億円を突破。2003年、100店・1000億円を突破。

第15話

ウォルト・ディズニー

ウォルト・ディズニー・カンパニー創業者

成功への最短距離は、大衆を信じ、大衆を味方にすること

ディズニーを代表するキャラクター、ミッキーマウスが誕生したのは1928年のことだ。

ミッキーマウスが登場する『飛行機狂』『ガロッピング・ガウチョ』という2作品を経て、26歳のウォルト・ディズニーは音が入った短編アニメ『蒸気船ウィリー』を完成させる。

その少し前、ウォルトはうさぎを主人公にした「オズワルド・シリーズ」を大ヒットさせ、ディズニー社を急成長させていた。

が、配給元のユニバーサルと契約でもめ、「オズワルド」の著作権、さらに

は大半の自社スタッフを失うという大きな挫折を経験している。

そこで会社再建を期して生まれたのが「ミッキーマウス」であり、この作品はウォルトにとって、何が何でも成功させなければならないものだった。

自信満々のウォルトは、大手の配給会社に売り込みをかけるが、「ほしい」と連絡してきた会社は1社もない。

気落ちするウォルトに力を貸したのがニューヨークのコロニー劇場だった。『蒸気船ウィリー』を上映してくれた上に、「映画会社の連中ってのは、大衆がいい映画だって言うまでわからないんだ」と教えてくれた。

反対者続出の中、ディズニーランド開発を推し進める

さて、コロニー劇場で上映が始まるや映画は大ヒット、マスコミが取り上げ、配給会社からも次々と電話が入り、ミッキーマウスは全米中の人気者となった。

その20年余りあと、ウォルトはテレビに本格進出、同じ時期にディズニーラ

ンドの建設も発表している。

リスクが大きいと反対する理事が多い中、ウォルトは「**いい娯楽ってやつは、老いも若きも、誰にでもアピールするものだ**」と建設を推し進めている。

ただ、精魂込めてつくり上げたものが、いつもマスコミや批評家、株主などから好意的に受け入れられるとは限らない。時には、辛辣《しんらつ》な言葉が飛んでくることもある。

ましてやウォルトの試みはいつも先進的であり、「常識」では計り知れないものがあっただけになおさらだ。

批判の嵐の中、ウォルトがずっと信頼していたのが「大衆」だった。

評論家も興行主も認めようとしないミッキーマウスを、最初に認めてくれたのも大衆だった。

だから、**どんなに困難な時にも大衆を信じ、大衆に訴えればきっと味方になってくれるという思いが、ウォルトの心の支えだった。**

誰が本物の勝者かを決めるのは今も昔も、大衆でありユーザーなのである。

ミッキーマウスを最初に認めたのは「大衆」だった

大手配給会社と契約でもめる

【1928年】

ムムム……
UNIVERSAL
うちともめたら
ただではすまないぞ!!

挫折の中で生まれた希望のネズミ

【1928年】

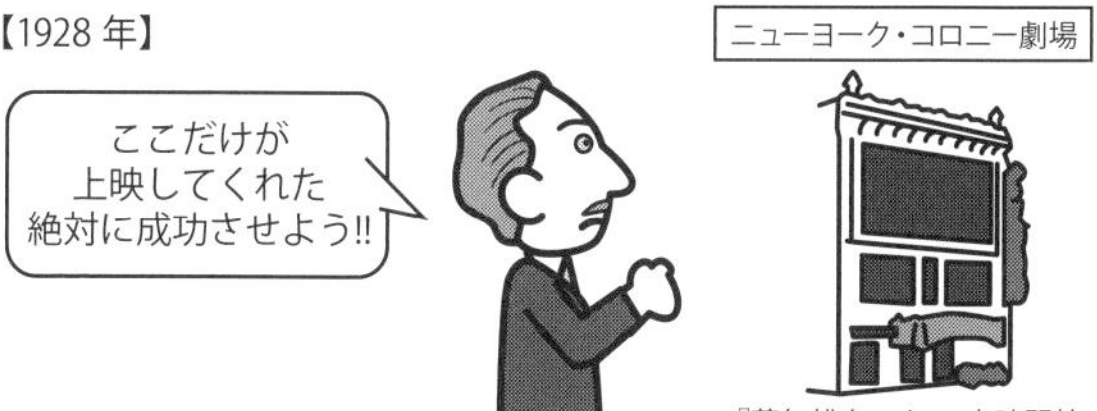
ここだけが
上映してくれた
絶対に成功させよう!!
ニューヨーク・コロニー劇場

『蒸気船ウィリー』上映開始

配給会社が見向きもしない中、映画は大ヒット

やった!!
大ヒットだ

本物の勝者を決めるのは大衆である

【1955年ディズニーランドオープン】

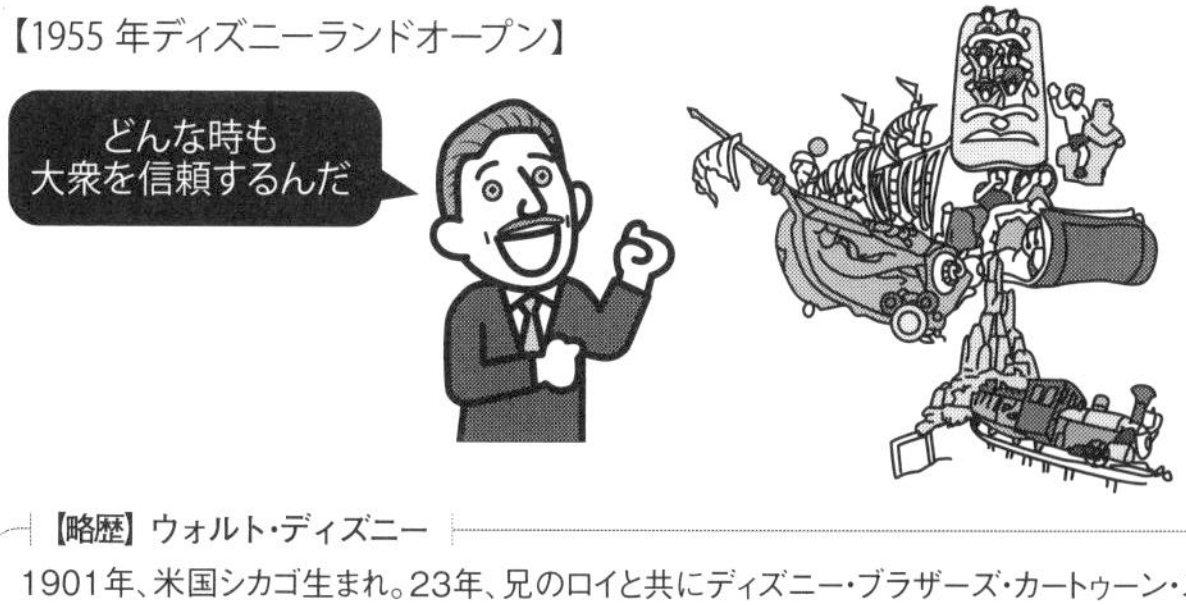
どんな時も
大衆を信頼するんだ

【略歴】ウォルト・ディズニー

1901年、米国シカゴ生まれ。23年、兄のロイと共にディズニー・ブラザーズ・カートゥーン・スタジオを設立。28年、ミッキーマウスを誕生させ大成功を収める。55年、カリフォルニア州アナハイムにディズニーランドをオープン。66年、65歳で死去。

第16話

それは「善」から出たものか？「私欲」から出たものか？

稲盛和夫（いなもりかずお）京セラ創業者

現役の経営者で、稲盛和夫ほど多くの信奉者を持つ経営者はいない。

1983年、京都の若手経営者から「いかに経営すべきか教えてほしい」と依頼されたことを機に、25名でスタートした「盛和塾」は、2019年末の閉塾時には、国内外合わせて約1万5000名の会員がいた。

その数を見ても稲盛の経営観・人間観が、今の経営者に強く求められていることがよくわかる。

59年、27歳で京セラを創業した稲盛は一代で同社を世界的企業へと成長させる一方で、auブランドで知られる第二電電（現KDDI）の創業や、経営危機に陥った日本航空（ＪＡＬ）の再建などに辣腕を振るった経営者でもある。

第二電電の創業は、通信市場に競争原理を持ち込むための、京セラという会社の存亡を賭けた闘いであり、また日本航空の再建は地位も名誉も手にした稲盛にとって、失敗すれば「晩節を汚すことになる」高リスクの闘いだった。

稲盛が電気通信事業への進出を決めたのは、83年のことである。

日本の高すぎる通信費を何とかしたいという思いからだが、通信事業を独占してきた電電公社（現・ＮＴＴ）が４兆円の売上なのに対し、京セラは２０００億円余り。巨象とアリほど規模の差があった。

無謀な戦いに勝利できた決定的理由

あまりに無謀な戦いに思えたが、稲盛は毎晩、「**動機善なりや、私心なかりしか**」と半年に渡って自問自答を続け、「**世のため人のために尽くしたいという純粋な志が微動だにしないこと**」を確認すると、挑戦を決意している。

そして、それは京セラの手持ち資金１５００億円のうち、１０００億円を投じるほどの覚悟を伴っていた。幸いソニーの盛田昭夫らの賛同も得られた稲盛は、84年、第二電電を設立している。

その後、国鉄系の日本テレコムと、日本道路公団とトヨタが組んだ日本高速通信も参入、気がつけば稲盛の第二電電は泡沫扱いされかけていた。

しかし、稲盛は「私は創業以来ずっと人の通らない道を切り開いてきた。泡沫にもベンチャーの意地がある」と言って、困難といわれた通信回線ルートの敷設を、2年4ヶ月で完成させる。

そして契約数の獲得でも130万回線と3社中トップの成績を収め、93年には3社のトップを切って株式上場を果たしている。

また、2010年2月、稲盛は「誰がやっても建て直せない」と言われた日本航空の再建にも無給の会長として取り組み、2年で建て直している。

この時にも**「動機善なりや、私心なかりしか」と自らに問いかけ、「動機が正しく、自分は正しい」と一点の曇りなく信じることが、苦難を乗り越える上で大切と述べている**。

動機善なりや、私心なかりしか

数々の苦難に挑戦してきた稲盛

KYOCERA 【1959年　京セラ創業】
KDDI 【1984年　第二電電設立（現KDDI）】
JAPAN AIRLINES 【2010年　日本航空再建】

毎晩自らに問い続ける

世のため人のためでなければいけない
動機善なりや私心なかりしか

地位や名誉をなげうつ覚悟でJAL再建に挑戦

無給で取り組む!!
日本航空再建
誰がやってもムリ……
晩節を汚さなくても……

多くの信奉者を持つ現役経営者

JALを2年で建て直したぞ!!

【略歴】稲盛和夫

1932年、鹿児島市生まれ。碍子メーカーを経て、59年、京都セラミック（現・京セラ）を創業。84年、第二電電（現・KDDI）を設立。98年、三田工業（現・京セラミタ）の再建を受諾、2年で更生計画を達成。2010年、日本航空会長に無報酬で就任、2年で再建を果たした。

第17話

本田宗一郎（ほんだそういちろう）
ホンダ創業者

苦しい時こそ、大きな夢を語る

ホンダの創業者・本田宗一郎が初めて自動車を見たのは1914年、小学校2年生の時である。当時、本田は父親の仕事場で鍛冶屋を手伝っていたが、村にT型フォードが来たのを知り、後ろを夢中になって追いかけている。そしてその時嗅いだオイルの臭いと、格好いい帽子をかぶった運転手の姿が本田の人生を決めることとなる。

22年、アート商会に入社した本田は、そこで自動車の修理技術を修得、アート商会浜松支店、東海精機重工業の経営を経て、48年に本田技研工業を設立する。

小さな町工場で自転車用補助エンジンの製造からスタートしたホンダは、オートバイの開発も進め、49年、本格的二輪車「ドリームD号」を発売する。また同年、後に副社長となる藤沢武夫も入社、経営が回り始める。

そして54年、**「私の幼き頃よりの夢は、自分で製作した自動車で全世界の自動車競走の覇者となることであった」**として、英国マン島で開催されるＴＴレースに出場し、優勝するという目標を掲げている。

大きすぎる夢の宣言から5年、見事実現する

当時のホンダは、前年に本社を東京に移していたとはいえ、創業からまだ5年余りの新興企業。

また日本製のオートバイといえば、箱根の山を越えるためにエンジンを2度、3度と冷やさなければダメという段階にあり、本田の掲げたマン島出場の目標は、多くの人にとって「大言壮語」でしかなかった。

まして当時のホンダは、自慢のドリーム号をはじめとする製品の売上が思う

ように伸びず、経営環境も厳しかった。普通はそんな状態で「世界一」を口にするなど「愚か者」と言われてもおかしくはない。

しかし、本田は「**明日の約束をしないやつに、希望は湧いてこない**」として、あえて「世界一」という大きな夢を掲げた。こう言っている。

「**今みんなが苦労している時だろう。そういう時にこそ夢がほしいじゃないか。明日咲かせる花は、今種を蒔《ま》いておかなきゃいけないんだ**」

ドイツやイタリアのオートバイは、自分たちがつくるものに比べ、エンジンの馬力も回転数も2倍以上である。

本田は必ず追いつき、追い越してみせるとして、チームを率いる河島喜好（2代目社長）に「馬力も回転数も、今までの2倍にしろ」と発破をかけている。

そして、宣言から5年後の59年、ホンダは見事マン島レースに出場、61年、2階級を制覇、66年には5階級すべてで世界チャンピオンを独占している。

本田の言う通り、**大きな夢には、人を奮い立たせる力があるのだ**。

大きな夢には人を奮い立たせる力がある

日本製オートバイの品質がまだまだの頃

日本のオートバイは
まだまだ良くなるぞ～
「エンジン冷やさなきゃ」
「またエンジン冷やさなきゃ」

マン島TTレースに出場する目標を掲げる

【1954年】

マン島のTTレースに
出場して
優勝するぞ！
そんなの
無理じゃん
途方もない話だ

チームを率いる河島に発破をかける

馬力も回転数も
今までの2倍にしろ
えっ
マジっすか!?

大きな夢には、人を奮い立たせる力がある

日本一になる
などと思うな。
世界一になるんだ

1959年	マン島TTレース出場
1961年	2階級制覇
1966年	5階級制覇

【略歴】本田宗一郎

1906年、浜松市生まれ。高等小学校を卒業後、自動車修理工場のアート商会に丁稚奉公に入る。のれん分けの形でアート商会浜松支店を設立、自動車部品製造の東海精機重工業も設立。48年、本田技研工業を設立。73年、社長を退任。91年、84歳で永眠。

しくじりリーダー伝①

超エリート&モーレツ社員だった彼女にも米ヤフーの建て直しは無理だった

マリッサ・メイヤー

グーグル元副社長、ヤフー元CEO

スタンフォード大学コンピュータサイエンスの修士課程で学んだマリッサ・メイヤーは、12の企業から内定を貰うほど優秀だった。しかし、最終的に選んだのは、当時10数名しかいなかったグーグルだった。

そこには「最高の人々に囲まれ、彼らにもまれているうちに、自分も成長できる」と思えるほど優秀な人たちがいたことが、入社の決め手となった。そして、グーグル初の女性エンジニアであるメイヤーの仕事ぶりは、圧倒的だった。

「寝るのは4時間。場所はどこだっていい」というモーレツさと、エンジニアらしいデータのエビデンスをもとに、グーグル製品の改善を次々実行、頭角を現していく。入社6年目には、早くも担当副社長に抜擢されている。

しかし、2011年に経営委員会の参加資格を失ったことでメイヤーは、入社して初めて疎外感を抱く。メイヤーは、これまで同様仕事に打ち込むことで打開策を見出そうとするが、進むべき道がグーグルには残されていない。そこで訪れたのが、ヤフーからの「CEOになる気はないか」という誘いだった。

「もっと大きな仕事をする意志」が固まったメイヤーは、2012年、37歳の若さでヤフーのCEOに就任する。当時ヤフーは、黄金期ははるか昔、グーグルやフェイスブックに次々とシェアを奪われ、トップも頻繁に交代する落ち目の会社だったが、メイヤーはグーグル時代と同様、猛烈に働いた。

遅れをとっているモバイル事業を強化するとともに、100以上あったプロダクトを10に絞り、メディア事業の推進をするも検索エンジンのシェアは低下する一方。時価総額の低下にも歯止めをかけることはできなかった。

2017年6月、ヤフーの主力事業のすべてはベライゾン・コミュニケーションズに売却され、メイヤーも退職金を受け取って会社を去ることになった。

時代の波に乗り遅れた企業を立て直すことは、超のつくハードワーカーであるメイヤーをしても不可能なことだった。

【略歴】マリッサ・メイヤー

1975年、米国ウィスコンシン州生まれ。大学卒業後の99年、グーグル初の女性エンジニアとして入社。検索やGメール、グーグルニュースなどの構築に携わり、グーグルサーチプロダクツ&ユーザー・エクスペリエンス担当副社長も務める。2012年7月、ヤフー CEOに就任。2017年に退社、現在はLumi Labsの共同創業者である。

第2章

絶対諦めないメンタルを身につける

第18話

正垣泰彦（しょうがきやすひこ）サイゼリヤ創業者

3つの「〜のせい」をやめると、売上は上がる

国内外合わせて約1500店舗を展開するイタリアン・ファミリーレストランチェーン・サイゼリヤ。そのサイゼリヤを、正垣泰彦が創業したのは1968年のことだった。

東京理科大学の学生だった正垣は学生時代、アルバイトに明け暮れていたが、最後のアルバイト先の飲食店で仲間から「お前と一緒に働きたいから、ぜひ店を開いてくれ」とアドバイスされたことが開業のきっかけだった。

すっかりその気になった正垣は父親に相談、千葉県市川市八幡にあるフルーツパーラーを購入してもらい、そこを洋食店に変え、「サイゼリヤ」としてオ

ープンした。

それは青果店の2階という人目につきにくい場所にあったが、正垣は「お客様なんて簡単に来るものだ」と高をくくっていた。

ところが、お客様は全く来なかった。困った正垣は、営業時間を朝4時まで延ばすが、今度は「地元のならず者のたまり場」になってしまった。

しかも開店から7ヶ月後、客同士のケンカがもとで火事になりお店は全焼、正垣もあやうく命を落とすところだった。

この時正垣は、店をやめるか別の場所でやろうかを考えるが、母親から「あの場所はお前にとって最高の場所だから、もう一度、同じところでがんばりなさい」と諭され、そこで店を再開している。

「お客のせい」「立地のせい」「景気のせい」をやめると、お客様は来る

しかし、やはりお客は来ない。こんな時、たいていの人は「場所が悪い」「お客が悪い」「景気が悪い」と「外」に原因を求めがちだが、正垣は「**お客様**

が来ないことを立地のせいにしないで、お客様が来てくれるようにひたむきに努力しよう」と考えた。

そこから、考え出されたのが今のサイゼリヤに通じる「低価格メニューの提供」だ。最初はメニューすべてを5割引きにしたが、それでもお客は来ない。ならば、と7割引きにしたところ、1日の客数が一気に600～800人になり大繁盛、「この方針なら売れる」と確信できた。

しかし、お客様が多すぎて、とても一つの店では対応できない。そこで次々とお店を出していったことが、多店舗展開の道へとつながった。

正垣によると、**お客様が来ない理由を「景気のせい」「立地のせい」にするのは、お客様が来るように努力することを最初から諦めるのと同じことだという。**

どんなに苦しくても、責任をお客様や景気や立地などに転嫁するのではなく、お客様が来てくれるまで自分にできることを考えて、ひたむきに努力を続けることが、逆境を乗り越える力となる。

詳しくは
コチラから

キャリア70年、おばあちゃんドクターのしなやかさと強さと慈愛にみちた言葉が心を元気にしてくれます

16万部突破!
精神科医
中村恒子
聞き書き：奥田弘美
心に折り合いをつけて
うまいことやる習慣
キャリア70年、
フルタイム勤務を続ける精神科医が
教えてくれた日々たんたんな生き方
幸せかどうかなんて、気にしなくてええんです
仕事が好きでなくても、立派な目標がなくてもいい。
肩の荷を下ろすと、本当の自分が見えてくる。
すばる舎

なんのために、
働きますか？
お金のために
働くで
ええやない。

人を変えることに
エネルギーを使わない。
自分がどうしたら
快適に過ごせるか
にエネルギーを
使う。

孤独であることは、
寂しいことではない。
孤独はよきもの
と受け入れると、
ラクになることが
いくつもある。

第１章　なんのために、働きますか？
第２章　期待しないほうがうまいことやれる
第３章　人間関係には、妙がある
第４章　心を平静に戻す
第５章　あれやこれやを、両立していくには
第６章　「日々たんたん」な生き方

心に折り合いをつけて
うまいことやる習慣
著者：中村恒子（聞き書き：奥田弘美）
定価：本体1300円＋税
ISBN 978-4-7991-0721-8
● B6変型・232頁

逆境を乗り越えるには他責をやめてひたむきに努力する

1968年、サイゼリヤOPEN

【1968年】

集客のため、早朝まで営業することに

お店が不良のたまり場となり、ケンカが元で全焼

ひたむきな努力と低価格メニューで大繁盛

【略歴】正垣泰彦

1946年、兵庫県生まれ。大学在学中に「サイゼリヤ」1号店をオープンするも火災で焼失。大学卒業後に「サイゼリヤ」をイタリア料理店として再オープン。73年に現在の株式会社サイゼリヤを設立して、社長に就任。2009年から会長。

第19話

鳥羽博道（とりばひろみち） ドトールコーヒー創業者

失敗を恐れすぎて、臆病になってはいけない

日本初の「立ち飲み150円コーヒー」というスタイルを確立したドトールコーヒーの創業者・鳥羽博道の社会人生活は思いがけないことから始まった。1954年、高校生の鳥羽は、父親が営む鳥羽美術義眼製作所の仕事を手伝っていた。しかし、ひょんなことから父親と大喧嘩になり、日本刀をかまえる父に恐れをなして裸足で家を飛び出し、そのまま東京へと向かった。

理不尽な父親に謝ってまで家に戻る気はなく、高校を中退する覚悟もできていた鳥羽だが、生きていくためには働かなければならない。「同級生たちが社会に出てくる時、絶対に彼らに負けたくない」という気持ちもあった。

鳥羽はレストランでコック見習いとして働き始めるが、その時、朝一番でコーヒーを淹《い》れる仕事があった。そこで「コーヒーは本当においしい」と思ったことが、鳥羽がコーヒーに魅了されたきっかけだった。

その後、コーヒー豆の焙煎《ばいせん》・卸業の会社を経てブラジルに渡った鳥羽は、約3年間に渡ってコーヒー農園で汗を流す。

当時「日本には二度と戻れないかもしれない」と思っていた鳥羽だが、コーヒー会社社長から「戻ってこい」という電話があって帰国、半年後にコーヒー豆の焙煎・卸会社のドトールコーヒーを創業している。24歳の時だった。

「明日潰れてもいい、今日一日、身体の続く限り全力でやろう」

しかし、当時は日本中に350もの同業者がおり、新参者の会社が市場に食い込むのは簡単ではない。

門前払いは当たり前で、「仕事の邪魔」と怒鳴られることもしばしば。ようやく取引をしてもらっても、お金を払ってくれない。

毎日、「倒産」の2文字が頭をよぎったが、ある日、**倒産の恐怖に心が委縮して、思い切った商売ができずにいることに気づいた。**

鳥羽は「**明日潰れてもいい、今日一日、身体の続く限り全力でやろう**」と心に決めた。すると、不思議なもので気持ちが楽になり、以降、商売は軌道に乗り始めることになった。

その後も、借金して工面した700万円をだまし取られるといった苦難もあった。

しかし「**成功のコツは、成功するまでやめないこと**」と覚悟を決めた鳥羽は苦難を乗り越え、カフェ「コロラド」の成功を経て、ドトールコーヒーの出店へとこぎつける。

失敗を恐れすぎると、人はできることまでできなくなるし、せっかくのチャンスも見逃してしまうことにもなる。

鳥羽は、あえて失敗を覚悟することで挑戦する勇気をかき立て、成功を手にしたのだ。

失敗を覚悟すれば どんなことも怖くない

ひょんなことから親子ゲンカをして、裸足で家を飛び出す

【1954年】

お前のような
腰ぬけに
何がわかるか!!

生活のために始めたアルバイトで、コーヒーのおいしさを知る

コーヒーって
本当においしいなあ
いらっしゃいませ

創業したものの思うようにいかない日々

倒産
するのかなあ
仕事の
邪魔だ!!
門前払い
もう少し
待ってよ
売掛金未回収

失敗を恐れることをやめ、前へ進む

明日潰れてもいい、
全力でやろう!!
失敗してもいい
と思ったら
気が楽になった
DOUTOR
1000店超を有する一大チェーンに発展

【略歴】 鳥羽博道

1937年、埼玉県深谷市生まれ。54年、高校を中退して上京、飲食業界に。59年、ブラジルへ渡航、コーヒー農園の現場監督に。帰国後、62年にドトールコーヒーを設立。72年、「カフェ コロラド」を開店。80年、原宿に「ドトールコーヒーショップ」を開店。2006年より名誉会長。

第20話

矢野博文（やのひろたけ）

100円ショップ「ダイソー」創業者

大事なのは、「目先の利益」より「お客様の喜びと驚き」

かつて100円や300円ショップで売られている商品は、安くはあっても壊れやすく品質も良くないというイメージが強かった。

しかし時を経て今、100円ショップで売られている商品に「安物」のイメージをもつ人は、ほとんどいない。

そんな100円ショップの草分け的存在が、大創産業の創業者・矢野博丈（旧名・栗原五郎）が運営する「ダイソー」である。

中国の北京で生まれ、敗戦後父親の郷里である広島に引き揚げた矢野の実家は、元は大地主で、父親は医師だった。

しかし、GHQによる農地改革で多くの土地を失い、父親も貧しい患者からはお金をとらない「貧乏医者」だったという。

貧しさのため苦労した矢野は、学生結婚を機に栗原から矢野に改姓、義父に頼まれ、はまち養殖業を継いだものの3年で倒産、700万の借金を背負って夜逃げ同然で東京に出てきている。

その後、教材のセールスマンやちり紙交換など9回もの転職を重ねたのち、1972年に格安の雑貨をスーパーの店頭などで販売する移動販売の「矢野商店」を創業している。「死ぬまでに年商1億の商人になりたいのォ」が30歳の矢野の夢だった。

そんな矢野が販売先でしばしばぶつかったのが、「安もの買いの銭失い」という言葉だった。

確かに当時は、とにかく原価が安いものを100円で売っていたため「品質」には限界があった。

しかし、行く先々で何度も同じ言葉を言われるうちに、矢野は原価を引き上げてでも「いいもの」を売りたいと考えるようになった。

1円しか儲からなくても、お客様の喜ぶ商品を売りたい

そこで生まれたのが、「**たとえ1円しか儲からなくても、お客様が喜ぶ商品は飛ぶように売れて、より多くの利益をもたらしてくれる**」という考え方だ。以来、矢野は、目先の利益よりも品質を重視するようになる。

そして、その方針が同業他社よりも圧倒的に売れる店につながり、87年から展開した「100円SHOPダイソー」の快進撃を生むことになる。

「**これを100円で売っているのか、とお客さまが喜んでくれるような商品を売ることができたから、今がある**」と語る矢野にとって、お客様の「安もの買いの銭失い」という言葉こそ、事業を飛躍させる金言だったのだ。

これまで幾度もの挫折を経験した矢野にとって大切なのは、自分の儲け以上に「お客様の喜びや驚き」だった。

たとえ利幅が薄くてもいいものを売る

9回も転職した後、移動販売のお店を立ち上げる

【1972年】

死ぬまでに年商1億円の
商人になりたいのぉ

100円で売っていたため「品質」に難があった

おたくの商品は安いが
品質がよくない
これでは
安もの買いの
銭失いだ

原価が上がっても「いいもの」を売る決意をする

たとえ1円しか
儲からなくてもいい
お客様が
喜ぶ商品
を売ることだ

日本に約3300店、海外で約2000店を展開する大企業に

「安もの買いの銭失い」
ではダメだ。
100円でもいいものを売りたい
DAISO

【略歴】矢野博丈

1943年、中国・北京生まれ。敗戦とともに日本に引き揚げる。転職や商売替えを繰り返したのち、72年、矢野商店を創業。77年、株式会社大創産業として法人化、87年、「100円SHOP ダイソー」の展開を開始。

第21話

たった1人の熱狂から すべては始まる

藤田 晋（ふじたすすむ）
サイバーエージェント創業者

起業家に求められるのは「誰も信じてはいないけれど本人だけが強く信じている」ビジョンを抱き、そのためにすべてを賭けることのできる力だ。

人材派遣会社勤務を経て、1998年にサイバーエージェントを創業した藤田晋。彼はまさにそんな人物で2000年3月に「26歳、史上最年少社長」として東証マザーズ上場を果たし、一躍「時の人」となった。

しかしその直後に、同社を上場へと導いたネットバブルが崩壊、1年半後には「会社を手放すしかない」というほどの危機に追い込まれている。

バブル崩壊により株価は低迷し、上場時に手にした多額の現金目当ての買収ゲームに巻き込まれたことが苦境に陥った原因だが、この時は楽天の創業者・三木谷浩史に救われている。

最初の危機は何とか乗り切ったが、藤田の目指すメディア企業への転換はなかなかうまくいかない。

「サイバーエージェントは営業が得意な藤田が創った、勢いだけの若者が集まった会社」という世間のイメージからの脱却は簡単ではなかった。

そして、2度目の危機が訪れる。2006年1月、ライブドア本社に家宅捜査が入った。その1週間あまり後には、藤田と親しかったライブドア社長（当時）・堀江貴文が逮捕されるという大事件が起きた。

ライブドアは当時、ネット企業の代表格となっていただけに、業界には「ライブドアショック」が走り、サイバーエージェントの株価も暴落することになる。「ベンチャー冬の時代」の始まりだった。

赤字続きのアメーバブログ事業を、自らの手で建て直す

ここで、難局を乗り切るために藤田は、大胆な決断をしている。

経営者として初めて幹部を更迭しただけでなく、**サイバーエージェントをメディア企業にするべく長年赤字を垂れ流していた「アメーバブログ」の事業本部長に自ら就任したのだ。**そこには、「**あと2年でダメだったら俺は責任を取って会社を辞める**」という不退転の決意があった。

当時、同社がメディア事業の会社になることも、アメーバブログの将来性も信じる人はいなかったが、「21世紀を代表する会社を創る」ことを目指す藤田にとって、この2つは何が何でも実現しなければならない目標だった。

「**自分一人でも熱狂していれば困難も苦境も乗り越えられる**」と信じた藤田の努力はその後実を結び、2009年にアメーバブログは月間100億ビューを超え、藤田が切望し続けた「メディア事業」の会社となることに成功した。

2014年、藤田は日経ビジネス「社長が選ぶベスト社長」に選出された。

たった1人の熱狂が多くの人を動かす

マザーズ史上最年少社長として一躍「時の人」になる

21世紀を代表する
会社を創る!!
2000年史上最年少社長として
東証マザーズ上場

ネットバブルが崩壊し、ベンチャー冬の時代が始まる

株価暴落
堀江貴文逮捕
世間のイメージ
勢いだけの若者が
集まった会社

不退転の覚悟で大胆な決断をする

サイバーエージェントを
メディア企業にする!!
2年でダメだったら
責任を取って辞める!!

「メディア事業」の会社となることに成功

自分一人でも
熱狂していれば
困難も苦境も
乗り越えられる!!

2009年
アメーバブログ
月間100億ビューを超える

2014年
日経ビジネス「社長が選ぶベスト社長」に選出
「メディア事業」の会社となることに成功

【略歴】藤田 晋

1973年、福井県鯖江市生まれ。人材派遣会社インテリジェンス勤務を経て、98年、サイバーエージェントを創業。現在、同社代表取締役およびAbemaTV、AbemaNews代表取締役も務める。

第22話

宗次徳二（むねつぐとくじ）
CoCo壱番屋創業者

未熟でも、叱られても、失敗してもいい。「まずやってみる」

日本一のカレーチェーン店「ＣｏＣｏ壱番屋」の創業者・宗次徳二の「苦労の基準」は、世間のものとはかけ離れている。

１９４８年に石川県で生まれた宗次は、生後間もなく孤児院に預けられ、３歳の時に雑貨商を営む宗次夫婦の養子となっている。

ところが、養父が無類のギャンブル好きだったため、養母は家出。養父と２人の生活は電気や水道も止められ、食べるものにも困るほど困窮した。15歳で養父が亡くなり、以後、養母と暮らすようになってようやく「電気のある生活」を経験したというから凄まじい。

高校もアルバイトをしながら卒業、普通はこれほどの経験をすれば、人生をすねても不思議ではない。

しかし、宗次にとってそれまでの苦労は、「朝から晩まで汗を流して働くことに何の抵抗もない人間」に育ててくれたことへの感謝に変わっている。

高校を卒業した宗次は不動産会社勤務を経て独立、24歳で不動産仲介業の「岩倉沿線土地」を開業、順調なスタートを切る。

しかし、好不況の波のある不動産業の将来に不安をおぼえ、妻・直美と相談の上「現金収入のある」喫茶店「バッカス」を開業した。

やがて「客商売は妻ばかりでなく、私にとっても天職ではないか」と思い始めた宗次は、新たに「珈琲専門店　浮野亭」もオープンする。

が、こちらは思うようにお客様が来ず、日々の食事はサンドイッチやトースト用に使った残りのパンの耳を食べるありさまだった。

最初から完璧にやろうとしない。やりながら修正していけばいい

そんな暇な喫茶店を救ったのが、ウインナーコーヒーだった。

ウインナーコーヒーのおかげで喫茶店業は軌道に乗り始め、やがて妻の作ったカレーが評判を呼ぶようになる。その様子を見て宗次は、「カレー専門店」に転身を図る決意をする。

しかし、最初の2日間こそ繁盛したものの、以後客足がさっぱり途絶える。理由は忙しさにかまけて味も接客も十分ではなく、信頼を失ったからだった。

しかし、宗次は喫茶店での経験から「**お客様に叱られたり、失敗して気づいたりして、だんだんと修正すればいい**」と地道な努力を積み重ねる。

その結果、約10ヶ月後には目標としていた日商をクリア、以後、同社は日本一のカレーチェーンへと急成長することとなる。

最初は未熟でも、叱られても、失敗してもいいからまずやってみる。

やった後の改善を重ねることで**成功につながるというのが宗次の考え方だ。**

失敗をしてもいい。まずやってから改善する

妻のカレーが評判なのを見てカレー専門店にする決意をする

ありがとうございます
おたく、カレーおいしいね
そうだ!! カレー専門店に にしよう!

大繁盛したカレー店は、2日で客足が途絶えてしまう

なぜ客足がとまったのか……?

お客様の声を聞きながら、改善を重ねる

とにかくお客様の声を聞くことだ
出てくるのが遅い
接客態度がよくない
カレーが甘すぎる
看板が汚れている

2013年 「店舗数世界一」としてギネス世界記録に認定される

【2013年】

商売というものは、とにかくまずスタートして散々苦労してみたほうがいい
店舗数世界一

【略歴】宗次徳二

1948年、石川県生まれ。生まれてすぐ孤児院に預けられ、3歳で宗次家の養子となる。高校を卒業後、不動産会社勤務、喫茶店経営を経て、78年、「カレーハウスCoCo壱番屋」を創業。2015年、全株をハウス食品に売却。現在は社会貢献や慈善活動に取り組む。

第23話

南場智子（なんばともこ）

ディー・エヌ・エー創業者

苦境に陥ったら、立ち直る様を周りに「魅せる」

マッキンゼーのコンサルタントとして辣腕《らつわん》を振るっていた南場智子が、「一度でいいから自分で考えた事業やサービスが世の中に生み出されて大暴れするまで関わってみたい」と考えるようになったのは、30代前半の頃だ。

会社を辞めたいと思っていたわけではない。それどころか34歳で日本支社のパートナー（役員）となった南場は「やりたいことは何でもできる」ポジションにあった。が、唯一できなかったのが、自らが考え抜いた事業戦略を「実行する」ことだった。

「自分が経営者だったら、もっとうまくできるんじゃないか」というじれったたさもあった。

「決定的なミスをどうリカバーするのか？」を考えた先に見えたもの

1999年3月4日、南場は同じマッキンゼーで働く川田尚吾と渡辺雅之と共に代々木公園そばの20平米あまりのアパートを借りて、株式会社ディー・エヌ・エーを設立する。ただ、最初に手掛けた、そして日本にまだ本格的なものがなかったネットオークション事業で大問題が起きた。

創業のメンバーは、インターネットサービスの仕様書はつくれるものの、自分たちでシステムを組むことはできなかった。

そこで、システム開発を他社に依頼するのだが、明日から本番前のテストに臨むという10月の終わりになって「(システム開発のための)コードが1行も書かれていない」ことが発覚したのだ。

南場も一度は開発現場を見るために、開発先のある九州へ行こうとした。

しかし、先方から「できれば遠慮してほしい」と言われ、「九州に行かなくてよくなった」とほっとしてしまっていた。つまり指示は出したものの、作業が予定通りに進んでいるかどうかの確認を怠ってしまったのだ。

加えて、その1ヶ月前、ヤフーがネットオークションを開始していたことに対する焦りもあった。

この大失態に南場は「システム詐欺にあった」と嘆くが、夫から「社長が最大の責任者、加害者だ」と諭され、出資をしてくれた企業に誠心誠意の説明を行い、みんなを一つにまとめようと全力を尽くしている。

ここで南場が学んだのが、**「立ち直り方の大切さ」**だった。

人は誰でも失敗する。大事なのは、そのままダメになるか、**「見事に立ち直る様を魅せることができるかどうか」**だ。

99年11月、同社初のサービス「ビッターズ」は立ち上がり、最初の危機を乗り越えることができた。

以来、**南場は苦しい時期にはいつも創業期に学んだ「立ち直り方を魅せる」というスピリットを思い出しては、危機に立ち向かうこととなった。**

人は誰でも失敗する、重要なのは立ち直り方が見事かどうか

超エリートサラリーマンから、アパート一間の社長へ

【1999年3月】

自分で考え抜いた事業戦略を実行するには独立しかない!!

初めての事業でシステムに不備が発覚

【1999年10月】

まずはネットオークション事業をやりましょう!!
システム詐欺にあった!!

自分は被害者ではないと強く覚悟を決める

私は出資者に誠心誠意の説明をして、皆を一つにまとめなければ!!
夫
社長である君が、最大の責任者であり加害者なんだよ

見事に立ち直る姿を「魅せた」

【1999年11月】

見事立ち直って「魅せた」わ!!
初のサービス「ビッターズ」開始
見事に立ち直る姿を「魅せた」

【略歴】南場智子

1962年、新潟市生まれ。マッキンゼー・アンド・カンパニー・インク・ジャパンに入社、34歳で日本支社のパートナーとなる。1999年、株式会社ディー・エヌ・エーを設立、代表取締役に就任。2011年に夫の看病のために代表取締役を退任するが、2017年、代表取締役に復帰。

第24話

ハワード・シュルツ
スターバックス元会長兼CEO

うまくいかない時は、前に進むのではなく「一歩下がる」

どんな優れた企業でも、時に成長する過程で大切なものを見失ってしまうことがある。そして、それを取り戻すためには、大きな情熱が欠かせない。

「コーヒーには普通のコーヒーとスターバックスコーヒーがある」は、マーケティングの神様とも呼ばれるフィリップ・コトラーの言葉だ。そしてコトラーにそういわしめるほど、「スターバックス」は業界でも特別な存在となった。

そのスターバックスの物語は1982年、ハワード・シュルツがマーケティング責任者として、シアトルの1号店で働き始めた時から始まる。

当時のスターバックスは、コーヒーの豆と粉を袋に詰めて家庭用に売る小売店であり、飲み物は提供していなかった。

1年後、イタリアを訪れたシュルツは、何軒ものエスプレッソバーを訪ね、バリスタが淹れてくれたコーヒーを飲み、**「ここはただコーヒーを飲んで一休みする場所ではない。劇場だ。ここにいること自体が素晴らしい体験なのだ」**という体験をする。

アメリカに帰ったシュルツは、早速イタリアでの体験をシアトルでも再現したいと考え、スターバックスの創立者たちに訴えた。

しかし、聞き入れてもらえず、85年、自らの手でイル・ジョルナーレ社を設立、「地球上で最も素晴らしいコーヒーバー」を目指す。

87年、シュルツはスターバックスの店舗と焙煎工場を社名ごと買い取り、スターバックスを社名に残して活動をさらに広げる。

業績悪化に歯止めをかけるべく、アメリカ中の店舗を一時的に閉鎖

その後、スターバックスはシュルツの手腕で見事、世界的ブランドへと成

長、2000年にシュルツはCEOを引退する。

スターバックスはシュルツ引退後も成長を続けたが、その過程で成功にあぐらをかき、やがて「道を見失った」と指摘されるようになる。ライバルとの競争も激化、業績は次第に低迷していった。

2008年1月、CEOに復帰したシュルツはアメリカにある7100店舗すべてを一時的に閉鎖、「完璧なエスプレッソを作るための研修中です」という貼り紙を掲示させた。

1日店を閉めれば数百万ドルを失うといわれる中、「研修中」と書けば自分たちのコーヒーの質が低下していたことを認めることにもなる。

業績低迷が続く同社にとって命取りになりかねない決断だったが、**シュルツはスターバックス体験を取り戻すために「まず一歩下がること」を決断した。**

その甲斐あってスターバックスは輝きを取り戻すことに成功、2010年は過去最高の業績を達成する。シュルツは、スターバックスの再生において熱き情熱を発揮することで世界有数のブランドを築き、守り抜いたのである。

大切なものを見失ったら原点に戻って取り戻せ

スターバックスはコーヒー豆を販売する小売店だった

【1983年】

よーし！がんばるぞ
STARBUCKS

「地球上で最も素晴らしいコーヒーバー」を目指し独立

【1983年】

イタリアのエスプレッソバーをアメリカにもつくろう！
2年後
聞き入れてもらえないのなら独立するしかない！

スターバックスを買収してCEOに就任

【1987年】

スターバックスを買収する！
13年後
もう私が退任しても大丈夫だな

CEOを退任するも、低迷するスターバックスのため復帰する

【2008年】

復帰するからには本気でやるぞ!!原点に戻るんだ！
全店閉鎖して研修をやりなおす!!
2年後
過去最高の業績を達成したぞ!!

【略歴】ハワード・シュルツ

1953年、米国ブルックリン生まれ。ゼロックス、雑貨会社副社長を経てスターバックスに入社。85年、独立してイル・ジョルナーレを創業。87年、スターバックスを買収。2000年CEO退任、2008年CEO復帰。2017年CEOを退任して会長職のみに。2018年会長職も退任。

第25話

失敗をすぐに認めることは、成功を諦めないことと同じくらい重要

柳井　正（やないただし）「ユニクロ」創業者

柳井正が「ユニクロ」の1号店を、広島に出店したのは1984年6月のことだった。

それまでは父親の創業した小郡商事の専務として経営にあたっていたが、父が倒れたため同年9月から、社長としてユニクロの全国展開へと邁進している。

さて、その柳井が大学を卒業後、スーパーでの修行を経て72年に父の会社に入社した頃は紳士服店が1店、カジュアルウェアのVANショップが1店と、年商1億円程度の会社に過ぎなかった。

赤字ではないもののそれほど儲からない店のやり方にいら立った柳井は、古参の従業員とたびたび衝突、2年後には柳井ともう1人の社員だけになってしまう。当時のことについて、柳井は何から何まで自分でやらなければならず、**「経営には覚悟がいる」**と述懐している。

その頃、「洋服の青山」などが郊外型店舗を出店、業績を伸ばし始めているのを見て、柳井はカジュアルウェアの郊外型をやれば面白いと思い始めた。

そこで試しに3年に1店舗の割合で店を出し、海外で買い付けた商品などを販売してみたが、当時は店を潰したりつくったりを繰り返していた。

やがて10代の人向けに、流行に合うカジュアルウェアを低価格で提供できないかと考えるようになり、出店したのが「ユニクロ」1号店である。

新規事業は失敗するのが当たり前。だから、撤退を躊躇《ためら》ってはいけない

その後、店舗を徐々に増やしていったものの、仕入れの関係から利益は思うように上がらない。そこで、商品を自分たちでつくれないかと考えるようにな

った柳井は、中国で生産し、ユニクロ社員が生産管理を行うやり方へと転換する。これがのちの「フリースブーム」などにつながる。

柳井によると、同社のブランドが確立したのは、98年11月の原宿出店と、同時期のフリースブームだという。

逆にそこに至るまでは、成功よりも失敗が多かった。たとえば、スポーツカジュアルを売る「スポクロ」や、ファミリーカジュアルの「ファミクロ」など計36店舗を出したが、ユニクロの商品との違いが出せず撤退している。オーガニック野菜を販売する「エフアール・フーズ」もすぐに撤退した。

こうしたたくさんの失敗も、柳井はさほど気に留めていない。

なぜなら、**新しい事業は、失敗する方が多いからだ**。

問題は「これは儲からない」と気づいた時に、「すぐに撤退できるかどうか」である。

大きな勝利を手にするには、いい失敗と撤退の見極めが、肝要なのである。

「失敗かな」と思ったら躊躇せず素早く撤退する

「ユニクロ」1号店を広島に出店

【1984年】

がんばるぞ!!

原宿出店とフリースブームで大繁盛

【1998年原宿店出店】

よし！
成功した

失敗したものからは素早く撤退する

スポクロ
素早く
撤退しよう！
エフアールフーズ
ファミクロ

成功のコツは、撤退を先延ばしにしないこと

失敗は素直に
認めて
すぐに撤退せよ

ユニクロ店舗数	
国内	813
海外	1,439

※2020年8月

【略歴】柳井 正

1949年、山口県宇部市生まれ。大学卒業後、ジャスコ（現・イオン）勤務を経て小郡商事に入社。84年「ユニクロ」1号店を出店、同年、小郡商事社長に就任。91年、社名をファーストリテイリングに。98年、原宿店。2002年代表取締役会長となるも、2005年、再度社長に復帰。

第26話

渋沢栄一（しぶさわえいいち）日本資本主義の父

それは、「人のつくった逆境」か？「人ではどうしようもない逆境」か？

第一国立銀行をはじめ、のちの王子製紙や東京海上火災、東京電力や東京ガスなど多くの企業の設立に関わり、「日本の資本主義の父」と呼ばれた渋沢栄一。

彼は明治維新の前後に生まれたことで、様々な変化に翻弄され、逆境に立たされながらも日本のために働き、最終的に見事な人生を送った人である。

渋沢の人生は、①豪農の長男として商売や剣術、学問に励んだ時期 ②尊王攘夷の志士を気取った時期 ③一橋家の家来となった時期 ④幕臣としてフランスに渡った時期 ⑤明治政府の官僚となった時期 ⑥実業家として活躍した時

期 ⑦民間外交など、大きく7つに分けることができる。

そして、その間に「大政奉還」や「明治維新」といった「革命」があり、しばしば自らの思い描いた未来とは違う生き方を迫られている。

たとえば、フランスに渡航して銀行の仕組みなどについて勉強して帰ってみたら、拠り所としていた幕府はすでになく、世の中は王政に変わっていたといった経験は、誰にでもできることでなく渋沢は大いに当惑したことだろう。

こうした数々の波乱や逆境を経験し、それを生き抜く中で渋沢が身につけたのが、**逆境を「人のつくった逆境」と「人ではどうしようもない逆境」に分ける考え方だ**。

「これが責務だ」と思ったら、迷わず進め

逆境に陥ったら、まずは「どちらの逆境」かを区別して、その後に「どう対処するか」を考える。こうアドバイスしている。

「人はどうしようもない逆境に立たされたら、天命に身を委ね、腰を据えて来

たるべき運命を待ちながらコツコツと挫けることなく勉強に励み、人のつくった逆境に立たされたら、ほとんどは自分のやったことの結果であり、とにかく自分を反省して悪い点を改めよ」

対処しがたい逆境にあっても、「これが今の自分に与えられた役割だ」と覚悟を決めれば心穏やかに、しかし本気でがんばることができるというのが渋沢の考え方だった。

もっとも、渋沢の逆境におけるがんばりは並大抵のものではなかった。

日本初の化学肥料製造会社を設立したものの、事業は赤字続きの上に肝心の工場が全焼した際には、株主の多くが「会社の解散」を求めた。

しかし、渋沢は化学肥料の製造は日本の農村振興には欠かせないものとして、「自分1人でも成し遂げる」と力説、見事に操業再開にこぎつけるという力技も見せている。

渋沢にとって逆境を乗り切る支えは、「社会のため」という絶対の確信だった。

「社会のため」という信念が逆境を乗り越える力となる

幕臣として渡仏。帰国すると幕府はなくなっていた

【1868年】
フランスから帰国

王政復古

幕臣から明治政府の官僚、そして実業家へ

どんな逆境でも
覚悟を決めれば
心穏やかに
がんばることができる!!

逆境を乗り切る心の支えは「社会のため」

会社は
日本に欠かせない
社会のため
1人でも
成し遂げる!!
○×会社
赤字

日本の資本主義の父と呼ばれる

日本のために
働き続けた人生
だった
東京ガス
王子製紙
東京海上火災
東京電力
第一国立銀行

【略歴】渋沢栄一

1840年、埼玉県深谷市生まれ。農民の出ながら一橋家に出仕、徳川民部大輔随員としてフランスへ。帰国後、明治政府の官僚。1873年、退官して第一国立銀行総監査役となる。以後、500を超える企業の設立と経営、600を超える教育機関や慈善事業の設立と運営に関わる。

第27話

イングヴァル・カンプラード　イケア創業者

成功者はなぜ、トラブルを素晴らしいチャンスと考えるのか？

スウェーデン生まれのイングヴァル・カンプラードが「イケア」を創業したのは1943年、17歳の時である。

社名は自分の名前の頭文字「I」と「K」に、両親が住むエルムタリッド農場の「E」、居住区のアグナリッド村の「A」からとった。

最初は万年筆などを細々扱う雑貨のお店だったが、その後、家具を扱うようになり、53年、商品を展示するための展示場をオープンしたことがイケアの転機となった。

当時、家具を扱う通販業者は多く、そこでものをいうのは「価格」だった。

イケアも他社との価格競争に巻き込まれ、品質を犠牲にした安売りに走ったことでお客様の苦情が殺到、顧客の信頼を失っていた。

そこでカンプラードが考えたのは、実際に消費者が展示場で家具を見て、品質を確かめた上で注文ができるようにするビジネスモデルである。

おかげでイケアは危機を脱し、50年代半ばに商品カタログを50万部発行するまでに成長した。

ピンチは、いつでも成功と背中合わせ。だからピンチはチャンス

ところが、今度は同社の低価格戦略に反発した国内の家具メーカーが同社との取引を中止、肝心の家具が入手できなくなってしまったのだ。

生きるか死ぬかの瀬戸際に立たされたカンプラードだったが、当時共産圏だったポーランドの家具メーカーと取引を開始することで、他社を圧倒する価格帯を実現、品質的にも高い評価を得る。

「危機が活力を生んだんだ、そのために常に新しい解決を見出すことができ

た」が、カンプラードの当時を振り返っての感想である。

また、カンプラードはこんな信条をもっている。

「値段を下げるためにはどんな苦労も厭うな」

イケアの特徴の一つは、「家具のセルフサービスシステム」である。

お客様が、自分で家具をお店の棚から持ってきて、自ら家に運び、自ら組み立てるというものだ。これも、どうすればもっと安くなるかを追求した結果生まれたサービスである。

カンプラードにピンチは何度も訪れたが、**その度に「どうすればお客様により良く、より安い家具を提供できるのか」と考え続けたことが、イケアの成功につながり、世界有数のブランドに押し上げたのだ。**

品質と価格で他社を圧倒

小さな雑貨店から家具店へ

【1953年スウェーデン】
雑貨店
家具店
これからは
家具も売ろう!!

家具の展示場をオープンし、評判となる

価格競争に
巻き込まれて、
品質を下げたら
信頼を失ってしまった…
そうだ!!
実際に見て
品質を確かめて
もらおう

国内家具メーカーからの反発

取引中止!!
家具
メーカー
困った…
そうだ!!
ポーランド産なら
安くて高品質を
実現できる!!
ポーランド

家具のセルフサービスシステムを展開

値段を
下げるための
努力は厭わない!!

【略歴】 イングヴァル・カンプラード

1926年、スウェーデン・スモーランド地方生まれ。5歳で商売を始め、17歳で通販会社のIKEAを設立。53年、エルムフルトに常設の家具展示場をオープン。58年、初めてのイケア店舗を開店。61年、ポーランドの製品で危機を切り抜ける。2018年91歳で死去。

第28話

息をしている限り、絶対ギブアップしない

イーロン・マスク

テスラモーターズCEO、スペースX創業者

学生時代から「地球を救う」とSF小説並みの夢を語り続けていたイーロン・マスク。彼は、スタンフォード大学大学院をわずか2日で中退したのち、天才ピーター・ティールも参画していた「ペイパル」の成功によって大金を手に入れ、夢の実現に一直線に挑み始める。

その一つが、人類を火星に運ぶためのロケットを製作するスペースXの創業であり、もう一つが地球環境のために、電気自動車の時代を切り開くべくテスラモーターズに、CEOとして参画したことである。

どちらも国家規模の事業だけに、経験のないマスクの挑戦はあまりに無謀な

ものとして周囲は受け取った。実際、スペースXは3回もの打ち上げ実験に失敗したし、テスラモーターズの最初の電気自動車「ロードスター」の開発には、1億4000万ドルもの資金を投じざるを得なかった。

その資金を自己資金で支えていたマスクは、売れるものはすべて売り、友人からも多額の借金をするなど、破産寸前に追い込まれた。しかし、マスクはそれでも挑戦をやめようとはしなかった。そして、社員にはこう宣言した。

「私はこれまでも、これからも決してギブアップしない。息をしている限り、生きている限り、事業を続ける」

諦めが悪く、本気で「世界を救う」と信じている超「クレイジー」な男

すべては「地球を救う」ためだったが、そんな「あきらめの悪さ」がやがて実を結ぶことになる。2010年、テスラモーターズはアメリカにおいてフォード以来という自動車メーカーとしての株式公開を果たし、2012年にはスペースXの「ドラゴン」が国際宇宙ステーションとのドッキングに成功するな

ど、マスクは目に見える成果を上げることができた。

その後、テスラモーターズは量産化の壁に突き当たり、マスク自身「自動車ビジネスは地獄だ」と嘆くほどの苦労もした。

が、「起業家は毎週100時間、地獄のように働くべき」を信条とするタフさで乗り切り、同社の株価は2020年7月に、トヨタ自動車の時価総額を抜いて自動車業界ナンバーワンとなっている。

スペースXの宇宙船「ドラゴン」も2020年5月、2名の宇宙飛行士を乗せて宇宙ステーションに到着、スペースシャトルに代わる存在となっている。

設立から20年にも満たない企業が、あらゆる困難や失敗を乗り越えて、なぜこれほどの成功を収めることができたのだろうか?

理由は、マスクが本気で「世界を救う」と信じているからにほかならない。

南アフリカからほとんど何も持たずにアメリカにやってきたマスクの信念は、どれほどの逆境をも乗り越えるほどに強く、だからこそ人々は称賛を込めて「クレイジー」と呼ぶのである。

自分の夢を本気で信じる

学生時代からＳＦ小説並みの夢を語る

「ペイパル」の大成功で、スペースXを創業。テスラモーターズのCEOにも就任

破産寸前になっても決して夢を諦めなかった

どんな困難にも打ち勝つ「タフさ」と「クレイジーさ」を併せもつ

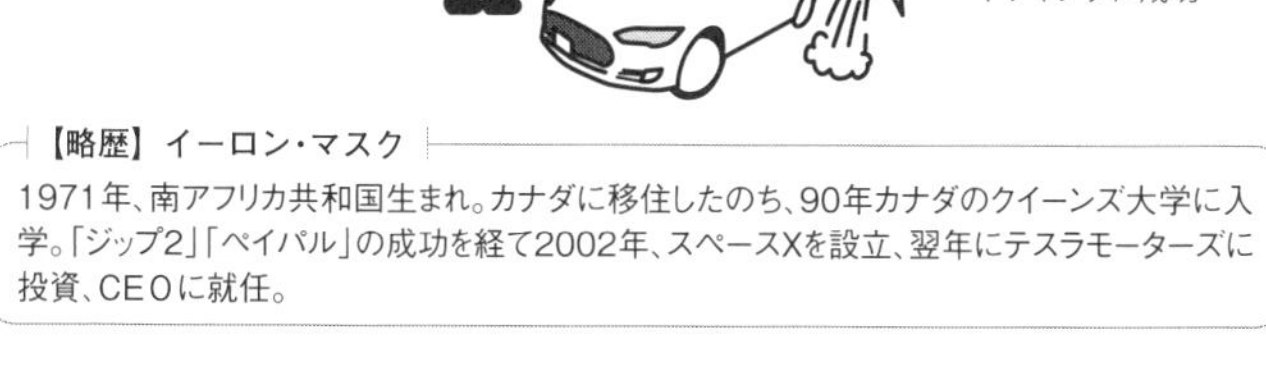

【略歴】 イーロン・マスク

1971年、南アフリカ共和国生まれ。カナダに移住したのち、90年カナダのクイーンズ大学に入学。「ジップ2」「ペイパル」の成功を経て2002年、スペースXを設立、翌年にテスラモーターズに投資、CEOに就任。

第29話

松下幸之助（まつしたこうのすけ）　パナソニック創業者

一度や二度の失敗は、失敗ではない。成功するまでやり続ける

パナソニック（旧・松下電器）を一代で世界的企業に育て、今も「経営の神様」として多くの経営者から尊敬され続ける松下幸之助だが、若い頃は苦難の連続だった。

松下は1894年、8人兄弟の末っ子として現在の和歌山市で生まれているが、5歳の頃に父親が米相場に失敗、破産したため尋常小学校の4年で学業を断念、大阪に丁稚奉公に出ている。

そのため起業にあたっても「学歴なし」「縁故なし」「資金なし」、しかも病気がちという「ないないづくしのスタート」を余儀なくされている。

それでも起業したのは、「明日食べるものの心配をしなくてもいいように」という本当にささやかな願いからだった。

そんな松下が成功したのは、一度やり始めたことは成功するまで決して諦めないという強い精神力があったからだ。

GHQから制限を受けるも、4年超、50回を超える説明に出向き覆す

戦時中、松下電器は2万6000人の社員を抱えるほどの規模へと成長していたが、戦争中に軍の命令により56隻の木造船をつくったことなどが原因となって戦後、GHQから財閥指定など7つもの制限を受けている。

松下自身も公職追放をされ、「税金滞納ナンバーワン」になるなど、金銭的にも大変な苦難を強いられている。

しかし、そんなことでくじける松下ではなかった。

当時、GHQの命令は絶対だった。それを覆すことなど無謀極まりないことだったが、なんとGHQの誤りを正すべく、4年数ヶ月、50回以上もGHQに

出向き、５０００ページに及ぶ資料を提出して制限解除を勝ち取ったのだ。

こう話している。

「1回の説明でうまくいかなかったから、5回、10回と、4年数ヶ月にわたって私は説明し続けた」

松下によると、「失敗というものの中には、成功するまでに諦めてしまうところにその原因がある場合が多い」という。松下の事業に臨む信念はこうだ。

「今日、諦めてしまえば、明日の成功は決してあり得ない。道にかなったことである以上、最後の最後まで諦めない。成功とは成功するまで続けることである」

困難に直面して「万策尽きた」と言う人がいるが、現実には２つか３つの策を試みただけでそう言っているだけだ。

わかってもらうまで、できるまで粘り抜けば、たいていのことは成し遂げられる。「一ぺんや二へんで成功しなくても、十ぺんやろうとすれば何でもない」のである。

成功するまで続けるから成功する

GHQから7つの制限を受け、公職を追放される

【1946年】

松下幸之助は
公職を追放する
GHQ

解除してもらうべくGHQに乗り込む

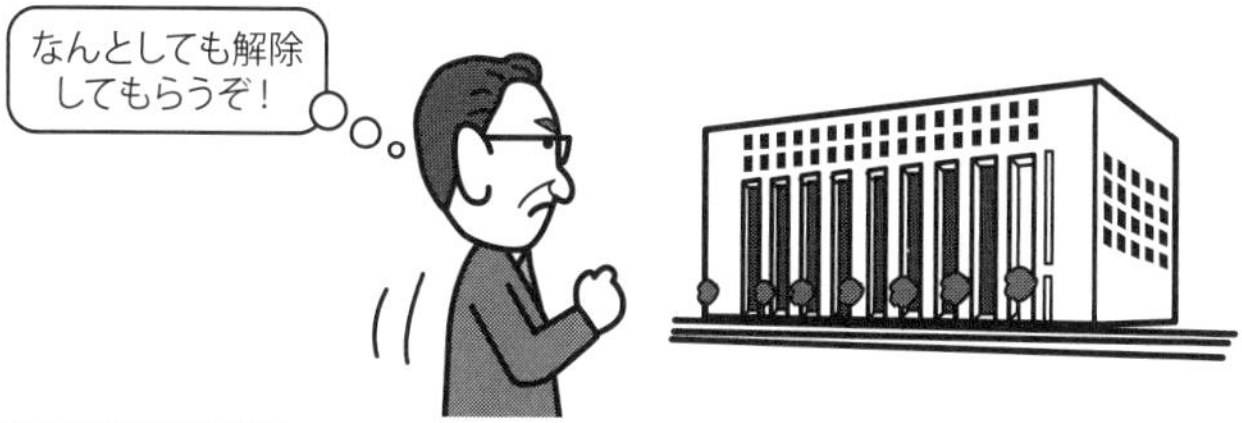
なんとしても解除
してもらうぞ！

4年数ヶ月、50回以上もGHQに出向く

一度でわからなかったら
何度でも説明するまでだ

1950年、諸制限が解除される

今日、諦めてしまえば
明日の成果はあり得ない
成功とは成功するまで
続けること

【略歴】 松下幸之助

1894年、和歌山県生まれ。1904年、小学校を4年で中退して丁稚奉公に。大阪電灯を経て17年、22歳で改良ソケットの製造販売を開始。翌年、松下電気器具製作所を設立。73年松下電器産業（現・パナソニック）会長を辞任、相談役。89年、94歳で永眠。

しくじりリーダー伝②

勝つために手段を選ばない男のしくじり具合

トラビス・カラニック

ウーバー創業者

自動車配車ウェブサイトおよび配車アプリの会社として、世界的に有名なウーバー。日本では「ウーバーイーツ」がよく知られている。

同社は、2009年にサンフランシスコで誕生、創業からまだ10年余りだが、時価総額は約7兆円、世界70ヶ国、450都市以上で営業をしている。

そのウーバーを設立したのが、ギャレット・キャンプとトラビス・カラニックだ。タクシーの配車サービスからスタート、やがて、ウーバーが面接した一般人が、自分の車を使ってタクシーと同じような仕事を請け負うことを可能にする。その特徴的なサービスは、新しい交通インフラとして注目される一方、タクシー業界や行政の強い反発も招いている。

ここで力を発揮したのが、カラニックだった。カラニックは徹底して勝ちにこだわることで有名だ。なぜなら、最初に興した会社が周囲の圧力によって破産に追い込まれたからだ。彼の最初の会社は、利用者と映画や音楽をオンラインでシェアするネット系の会社として急成長した。が、著作権法違反として、レコード業界と映画業界から総額2500億ドルにのぼる訴訟を起こされ、破産した。

それだけに「勝ち」へのこだわりは強く、「技術革新の過渡期には常に問題がつき物だが、社会全体では必ずプラスになる」と強気の姿勢を貫いている。

そんな彼が得意としたのが、行政や議会が反対するなら、ユーザーを動員し、ユーザーの支援によって勝利するというやり方だ。

周囲が歩み寄りを求めても決して耳を貸すことはなく、自分の信じるやり方を押し通すことで世界の各都市にウーバーを広め、成功に導く。

このように強気のビジョナリーとやり方は、時に禍をもたらすこともある。

ウーバーでも、自身を含めて多くのスキャンダルが報じられた責任をとり、2017年、CEOを辞任した。挫折するたびに立ち上がり、新たなものをつくり出すカラニック。次は、どこで戦うのだろう。

【略歴】トラビス・カラニック

1976年、米カリフォルニア州ロサンゼルス生まれ。大学を2年で中退、級友6人と共にスカウア・ネットを開発。2000年、メディア企業33社から提訴され、破産を宣言して訴訟を回避。新会社レッドスウーシュを立ち上げるが仲間に裏切られて一人になるが粘り抜き、2007年に会社を1870万ドルで売却。2009年、ウーバーを創業し、2017年、CEOを辞任。

第3章

自分を信じる・夢を信じる

第30話

安藤百福（あんどうももふく） 日清食品創業者

成功は、失敗を繰り返しながら、少し進んだ先にある

チキンラーメンやカップヌードルを開発したことで、「世界の食文化を変えた」と評される安藤百福は、遅咲きの成功者である。

そして、その成功をもたらしたのは、何度失敗しても、諦めることなく着実に進み続ける力だった。

1910年生まれの安藤は、義務教育を終えるとすぐに呉服屋を営む祖父の手伝いを始め、22歳で独立して台湾に「東洋莫大小（とうようメリヤス）」という繊維会社を設立、大成功を収める。

33年には大阪・船場にも「日東商会」というメリヤス問屋を設立、戦中はバ

ラック住宅の製造などを行った後、戦後は製塩業などを手がけている。

しかし、GHQに脱税の疑いをかけられたことで2年もの間、東京拘置所に収監されるという苦難も味わっている。そして、手がけていた事業のすべてを整理することになったが、そんな安藤の元に来たのが新しくできる信用組合の理事長になってほしいという依頼だった。

それまで商売一筋だった安藤にとって、金融業務は未知の分野だった。本来なら断るべきところを、「名前だけでも」と言われて理事長に就任したものの、しばらくして信用組合は破綻、安藤は自宅以外すべての財産を失うことになる。焦りが判断を誤らせた結果だった。

人生に遅すぎるということはない。いくつになっても新しい出発は可能

後には「身を焦がすような後悔だけ」が残ったが、それまで幾度もの難局を乗り越えてきた安藤は、「失ったのは財産だけ」と開き直った。

そして戦後、闇市で大勢の人がラーメンを食べるために行列をつくっている

様子を思い出し、ラーメンの開発に乗り出すことにする。

ただ、安藤には、お金もなければ部下もいない。さらには、食品開発の経験もない。

しかし、自宅の庭につくった小さな小屋に朝は5時から、夜は1時、2時までこもってひたすら試行錯誤を繰り返した。

失敗を繰り返しながらも、「これでもかこれでもか」と追究し続けて1年後、日本初の即席めん「チキンラーメン」の開発に成功する。

そして、この苦労は報われ日本中で爆発的ヒットとなる。

その後、安藤はアメリカ人がチキンラーメンを2つに割って紙のコップに入れてフォークで食べる様子に着想を得てカップラーメンを開発、世界の食文化を変えたというほどの革命を起こしている。

安藤によると食習慣の壁はあっても、「**おいしさに国境はなかった**」。「**48歳は遅い出発と言われるが、人生に遅すぎるということはない。いくつになっても新しい出発はある**」が、幾度もの挫折を乗り越えた安藤の言葉である。

成功は、何度失敗しても着実に進み続けると必ずやってくる

様々な事業を手がけるも、GHQに脱税の疑いをかけられる

【1932年】
よーし！
事業は大成功だ
終戦後
脱税の疑い

焦りから未知の分野の仕事を引き受けてしまう

また
一から始めなければ!!
いいですよ！
理事長に
なって下さい
○×
信用組合

失敗してもスーパーポジティブで前へ進む

自宅以外
すべて失って
しまった……
○×
信用組合破綻
いや待てよ！
失ったのは財産
だけじゃないか！
闇市で人気だった
ラーメンを
つくろう!!

チキンラーメンのヒットがカップラーメンの開発につながっていく

1年間、ひたすら
試行錯誤を
繰り返す
【1958年】
CHIKINN RAMEN
チキンラーメンができたぞ!!
大人気だ!!!

【略歴】安藤百福

1910年、台湾生まれ。22歳の時、台湾で東洋莫大小を設立。58年、世界初の即席めん「チキンラーメン」を発明、社名を日清食品に。71年、世界初のカップめん「カップヌードル」を発明。2006年96歳で死去。

第31話

大山健太郎（おおやまけんたろう）　アイリスオーヤマ創業者

好況時にいかに儲けるかよりも、不況時にいかにして利益を出すか

「他人と過去は変えられないが、自分と未来は変えられる」は、カナダの精神科医エリック・バーンの言葉である。よく知られた言葉だが、それでもつい変えられない過去を悔やみ、前に進む勇気を失うのが人間である。

アイリスオーヤマの創業者・大山健太郎は、8人兄弟姉妹の長男として1945年7月に大阪で生まれた。父親が42歳の若さで亡くなった後、父親の町工場・大山ブロー工業所を19歳の若さで引き継いでいる。

中学生の頃から父親の仕事を手伝っていただけに、いずれは工場を継ごうと思ってはいたものの、あまりに早い父親の死を前に、家族のため、5人の工員

のために、何としても工場は守るというのがその時大山が立てた誓いだった。

当時の仕事のメインは、依頼のあった部品などをプラスチックでつくって納品する下請け仕事だった。

仕事の依頼は多く、営業も配達も機械作業も兼ねていた大山は、夜は機械を操作し、昼に軽く仮眠をとるという生活をしていた。やがて下請けから脱皮するために、養殖用の漁業ブイをつくって販売、その後は、プラスチック製の育苗箱をヒットさせたことで、宮城県に工場を建てるまでになる。

100人超のリストラを敢行、痛みを乗り越え「前に進む」

しかし、その直後に第一次オイルショック（1973）が起こり、大量の在庫を抱えた上に、値崩れによる経営危機に陥ってしまう。

売上は減り、10年間かけて蓄えた資金も2年で尽きた。一時は会社をたたんで勤め人として出直すことも考えた。

が、**「昔に戻れない以上、前に進むしかない」**と覚悟を決めた大山は、創業の地である大阪の工場を閉鎖して、宮城の工場を残すことを決断する。大阪の社員はほとんどが退社し、宮城の工場の社員も半分になった。100人を超える大リストラだった。

そして「このまま終わるわけにはいかない」と自らを奮い立たせた大山は、産業界向けのビジネスよりも、消費者向けのビジネスのほうが好不況に左右されにくい点に注目する。

そしてプラスチック製の植木鉢などで家庭園芸に、プラスチック製の犬小屋などでペット用品の分野に進出するという大転換を図り、同社を成長軌道に乗せる。

この時の経験から生まれたのが同社の企業理念につながる「**好況の時に儲けることよりも、不況の時でも利益を出し続けることを大事にする**」という考え方だ。**苦境に陥ると人はつい「過去の選択」や「過去の失敗」を悔やみがちだが、いくら悔やんでも昔に戻れるわけではない。だったら、「前に進む」というのが大山の考え方である。**

過去を悔やむ時間があるなら前へ進め

19歳で一家の大黒柱に

【1964年】
19歳
父親が42歳で亡くなる
8人兄弟姉妹の長男

父の工場を継ぐも、オイルショックで経営危機に

困ったぞ
大山ブロー工業所
大山ブロー工業所
〈1973年〉
第一次
オイルショック
大量在庫
値崩れ

産業界向けビジネスから消費者向けビジネスへの大転換

好況の時に儲けるより、
不況の時でも利益を
出し続けることを
大事にしよう!!
これからは好不況に左右されにくい
消費者向けビジネスに転換するぞ!!
ガーデニング・
ペット用品の
分野に進出

大転換により、会社が成長軌道に乗る

過去には戻れない!!
前に進むしかない!!
過去よりも未来を
見て進んでいこう!!

【略歴】大山健太郎

1945年、大阪府藤井寺市生まれ。64年、父親の死去により大山ブロー工業代表者になる。72年、仙台工場竣工。89年、本社を仙台市に移転。91年、アイリスオーヤマに社名変更。

第32話

ジャック・ウェルチ

ゼネラル・エレクトロニック元CEO

三流は、苦境に陥ってから改革に取り組む。一流は好調時に取り組む

ＧＥ（ゼネラル・エレクトリック）は、発明王トーマス・エジソン由来の企業であり、長い歴史を誇るアメリカの大企業だ。

しかし、名門企業というのは改革を怠ると、時に何も生み出せないまま没落へ向かうこともある。

１９８１年に45歳の若さでＣＥＯに就任したジャック・ウェルチがのちに「伝説のＣＥＯ」と呼ばれるようになったのは、名門ＧＥを没落から救い、最強企業へと変身させたからである。

ウェルチが最初の数年をかけて徹底的に行ったのが、弱い事業の売却だっ

た。このリストラによって、約10万人の社員がGEを去っている。

ウェルチのとったこの激しいリストラ策は、マスコミの格好の標的となり、ウェルチ自身に「ニュートロン・ジャック」というあだ名が付くほど世間から非難を浴びた。

問題は、爆発する前に処理しておく

しかし、こうしたリストラ策は、90年代に入ると、どの企業でも普通に行われるようになり、非難どころかむしろ株価を引き上げる要因ともなった。

94年、ウェルチはそんな世間の風潮に対してこう言った。

「人員の削減は気の重い仕事だ。1980年代の初めには『ニュートロン・ジャック』というあだ名を付けられた。(中略)ところが今では、IBMは15万人のレイオフを敢行しながら褒められているではないか。新聞には毎日のように、どこかの企業が6000人だ、8000人だ、1万人だのレイオフの記事が出ている。我々の場合、こんなことはもう10年前に終わっている」

「10年前に終わっている」には大きな意味があった。

ウェルチによると、GEがリストラに着手した当時はGEを辞めても、新しい職探しはそれほど難しくなかった。

加えてGEには、彼らに十分な退職金を払う余裕もあった。

もし決断が遅れたら、こうしたことができなくなったとウェルチは考えている。

「状況の良い時に問題を処理しておかなければ、いずれはそれらが自分たちの目の前で爆発するはめになる。そうなるとどうしても残忍で冷酷にならざるを得ない。我々はいい時期に（ダウンサイジング）をスタートしたおかげで、赤字に転落しなくてすんだ。今日では、我々は再び社員を増やしている」

ウェルチが「非難」覚悟で改革を断行したからこそ、GEは「逆境」に陥らずに済んだ。**好調な時は、つい問題を先延ばしにしがちだが、実際には好調な時こそ改革や問題に本気で取り組むことができる。**

苦境を未然に防ぎたいのなら、人も企業も率先して、変わり続けることだ。

好調の時こそ変革の時

非難を覚悟で改革を断行する

【1980年代】

なんと言われようと
今、改革するぞ!!
・弱い事業の
売却
・10万人の
レイオフ

1990年代に入るとレイオフは普通に

【1990年代】

遅!!
IBM
15万人
レイオフしたぞ
そんなの10年も前に
終わってるけど

状況の良い時に改革してこそ意味がある

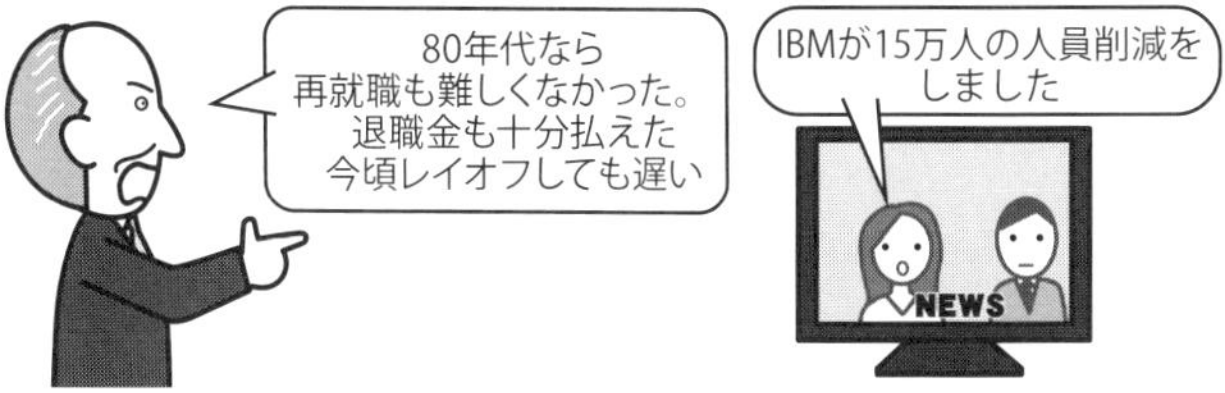

80年代なら
再就職も難しくなかった。
退職金も十分払えた
今頃レイオフしても遅い
IBMが15万人の人員削減を
しました
NEWS

現状にあぐらをかくことなく変革し続ける

助かったよ！
早めに手を打てば
余力をもって困難に
打ち勝つことができるんだ

【略歴】ジャック・ウェルチ

1935年、米国マサチューセッツ州生まれ。イリノイ大学大学院卒業後、GEに入社。32歳でGE最年少のゼネラルマネジャーとなり、36歳で副社長、45歳でGE史上最年少のCEOとなる。徹底した「選択と集中」でGEを時価総額世界一の企業に。2020年84歳で死去。

第33話

失敗して落ち込んでいる暇があったら、すぐやり直す工夫をせよ

桜井博志（さくらいひろし）

旭酒造会長、「獺祭」の生みの親

今や日本一の出荷量を誇り、世界にもその名を知られるようになった純米大吟醸「獺祭《だっさい》」。しかし、その名酒は幾度もの失敗や危機の中で「何とかしなくては」ともがき苦しむ桜井の意地から誕生したものだった。

「獺祭」を造っているのは、山口県岩国市にある旭酒造（1770年創業）。かつては地元でも4番手に甘んじていた小さな蔵元を、日本を代表する清酒メーカーへと変革した立役者が、桜井博志である。

桜井は大学卒業後、西宮酒造（現・日本盛）での修業を経て、1976年に父親の経営する旭酒造に入社する。しかし、酒造りの方向性や経営方針を巡っ

て父親と対立、生活のために会社を飛び出し石材の卸会社を設立する。

桜井はその会社を年商2億円の会社へと育てるが、父親が亡くなり、跡を継ぐため84年、旭酒造の社長に就任する。

ところが、当時の旭酒造は、会計士から「ロング倒産状態」と揶揄《やゆ》されるほどのひどい経営状態にあった。

また、日本酒の市場自体も縮小傾向にあったため、「うちの酒蔵はいつまでもつのか」というのが桜井の正直な気持ちだった。

そこで、桜井は苦境を脱するためにあらゆる手を打つ。当時出始めていた紙パックに看板商品の「旭富士」を詰めて売るなどした。

が、落ち目の酒蔵にとって「焼け石に水」だった。

さらに、夏場の仕事をつくるために、と地ビール事業に進出するが、旭酒造の年間売上に匹敵するほどの負債を抱えてしまう。

さらに追い打ちをかけたのが、将来を見限った杜氏《とうじ》が部下の蔵人《くろうど》を連れて辞めてしまったことだ。お金もなければ、酒を造る技術も失われ、まさに絶体絶命となった桜井だが、これが大きな転機となる。

人任せをやめ、「自分で造ろう」と決意した途端、酒造りが変わった

90年代から普通酒と並行して米を磨いた純米大吟醸「獺祭」を造り始めていた桜井は、杜氏がいなくなったことを機に、「自分で造ろう」と決意、易きに流れていた酒造りにとことんこだわることにした。

まず杜氏の経験と勘に頼っていた造り方を数値化して「見える化」を実現、年に一度の仕込みも、年間を通して仕込みを行う「四季醸造」に移行した。

また、販売も地元だけでなく、より大きな市場を求めて日本全国へ、さらには世界へと打って出た。その結果、今日の「獺祭」の成功へとつながった。

いわば、次々と襲い来るピンチを決して諦めることなく挑戦を続けたからこその成功である。

「負けたからと意気消沈する暇はない。自分で勝てる工夫をしながら勝ち数を少しずつ増やしていけばいい」というのが、桜井の考え方である。

失敗をバネにして新しい挑戦を続ける

「ロング倒産状態」の旭酒造を引き継ぐ

【1984年】

うちの酒蔵は
いつまでもつのか…
ボロ
ボロ

地ビール事業に失敗、杜氏も辞めてしまう

地ビール失敗
○○
ビール
杜氏が辞める
辞めます…

「自分で造ろう」と決意、酒造りにとことんこだわる

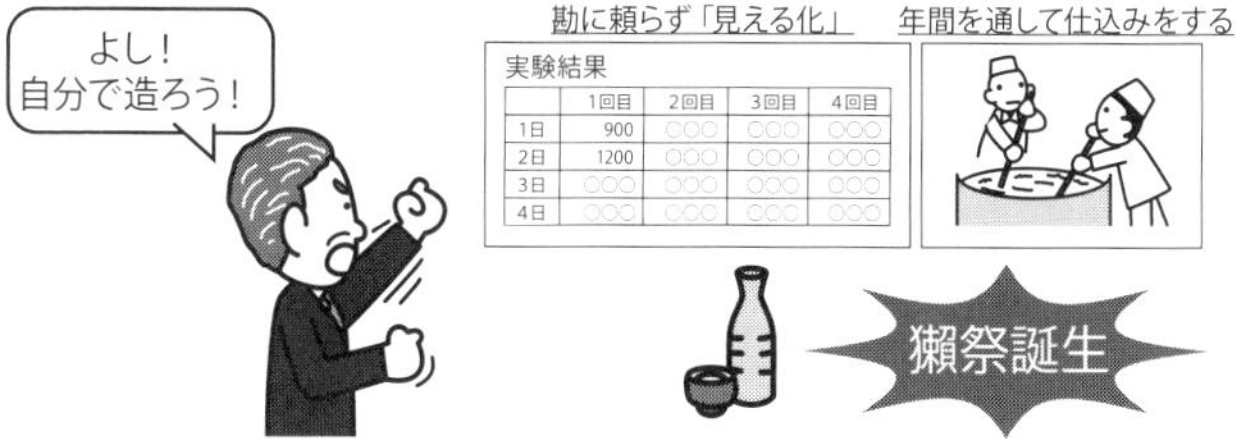

よし！
自分で造ろう！
勘に頼らず「見える化」
実験結果
年間を通して仕込みをする
獺祭誕生

	1回目	2回目	3回目	4回目
1日	900	○○○	○○○	○○○
2日	1200	○○○	○○○	○○○
3日	○○○	○○○	○○○	○○○
4日	○○○	○○○	○○○	○○○

「獺祭」が大ヒット、世界へも進出

唯一の思いは
「ああ、美しい」と
言っていただける
酒を造ること
獺祭

【略歴】桜井博志

1950年、山口県岩国市生まれ。西宮酒造での修行を経て76年、旭酒造に入社。父親と対立して退社、石材卸業の会社を立ち上げるも、父親の急逝を受けて84年、家業に復帰。純米大吟醸「獺祭」によって旭酒造を日本トップレベルの酒蔵に育てるとともに、海外販売も積極的。

第34話

山田昭男（やまだあきお）
未来工業創業者

ほかと同じことをやるのではなく、その逆をやる

「1日の就業時間は7時間15分」「残業ゼロ」「年間休日140日」「ホウレンソウ強要禁止、ノルマ強要禁止」など夢のような施策を打ち、「日本一幸せな会社」「超ホワイト企業」の異名をとる会社が岐阜にある。未来工業だ。

未来工業は、電設資材や管工機材を中心に製造するメーカーで、そのひとつ、電気のスイッチボックスは100種類以上生産し、国内シェア70％を誇るオンリーワン企業だ。

1948年、旧制大垣中学校を卒業した山田昭男は、父が経営する山田電線製造所の専務として働き始めたものの、演劇に夢中で「頭の中は劇団のことば

かり」。地元で劇団「未来座」を結成して自らもそこに所属、演劇の稽古に没頭した。

その一方で会社の仕事は中途半端、結婚しても一向に変わろうとしない。そんな山田を見て、ついに堪忍袋の緒が切れた父親は山田をクビにする。

困った山田は食べていくために、65年、劇団の仲間と一緒に未来工業を設立、父親の会社と同じ電設資材をつくることにした。六畳二間、一間に機械一台を置き、もう一間を事務所にした小さな会社である。

「日本で初めてのもの」をつくることに集中した先に、たどり着いた場所

製品第1号は、1本の電線を何本かに分岐するための透明ジョイントボックスだったが、同分野のライバルは世界の松下電器（現・パナソニック）である。これほどの強敵に資本金50万円の会社が勝つためには「同じもの」をつくっていては意味がない。そこで山田はどんな小さなことでも工夫して「日本で初めてのもの」をつくることにした。

ただ、電設資材の材質やつくり方は法律で決まっているため、仕様を変えると法律違反になる。かといって、工夫がないと負けてしまう。

そこから生まれたのが同社の「常に考える」であり、「**使ってみると具合がいいという＋αをつける**」やり方だ。

最初は「食べていくのが精いっぱい」だったが、現地現物で他社にはできない小さな工夫を重ね、使いやすく作業しやすい電設資材をつくり続けることで同社は成長、91年には名証二部上場の企業となる。

そんな山田の特徴は、**他社の逆をいくところにあった**。

他社からの「そんなのできっこない」という批判には「それは経験に裏打ちされた言葉なのか？」と反論。

たいていの人はやりもしないで批判ばかりをするが、常識にとらわれず「初めて」に挑戦し続けることで山田は、「どこにもない会社」をつくり上げたのである。

常識にとらわれず「どこにもない会社」をつくる

演劇に夢中になり、父親からクビにされる

～若い頃～

エッー!?
お前のような中途半端なヤツはクビだ!!
父

食べていくため会社を設立

【1965年】

よし！会社を立ち上げよう！
劇団の仲間と一緒に電設資材の会社をつくる

「日本で初めてのもの」をつくる覚悟をもつ

巨大なライバルに勝つには「はじめて」で勝負だ
初めてに挑戦することで、「どこにもない会社」をつくろう！

他社とすべて逆をやることで成功する

就業時間7時間15分/日
残業ゼロ
年間休日140日
ホウレンソウなしノルマ禁止
他社と逆をやったら超ホワイトな会社になった

【略歴】山田昭男

1931年、中国・上海生まれ。学校を卒業後、父親が経営する山田電線製造所に入社。家業のかたわら劇団「未来座」を主宰。56年、劇団の仲間と共に未来工業を創業。91年、名古屋証券取引所第二部に上場。2014年、82歳で逝去。

第35話

三木谷浩史（みきたにひろし）　楽天創業者

1日1%の改善が、大きな飛躍を生む

企業には日々改善を重ねながら成功へと近づいていくやり方と、一気に大きな市場を獲得しようとするやり方の2通りある。

楽天の創業者・三木谷浩史は、その戦略を使い分けることで成功している稀有なリーダーの1人だ。

神戸市で生まれた三木谷は、大学卒業後に日本興業銀行（現・みずほ銀行）に入行、ハーバード大学に留学してMBAも取得するなど順調にエリートコースを歩んでいた。

しかし、1995年、阪神・淡路大震災が起こり、故郷の神戸ががれきの山となった。その時、敬愛していた叔父叔母を亡くしたことが一大転機となり、起業している。

96年にコンサルティング会社のクリムゾングループを創業、そこで稼いだ資金を元手に楽天を創業し、97年5月「楽天市場」を開設している。

が、三木谷が「楽天市場」を開設した時、出店数はわずか13店舗、利用したユーザーの数は30人足らず、月の売上はわずか18万円という惨憺《さんたん》たるものだった。

この数字に、たいていの人は絶望的な気持ちになる。

しかし、三木谷はひるまなかった。わずかの店舗、わずかのユーザー、わずかの売上を前に、「**ゼロは何倍してもゼロだが、1でも2でも数字があれば改善してそれを増やすことができる**」と考えたのだ。

たとえわずかでも出店してくれる人や、買い物をしてくれる人がいるということは、何か理由があるからだ。だとすれば何かを改善すれば、少し増え、また次の改善をすればさらに増えることになる。

1日1％の改善が、1年後には37倍以上になる

改善など微々たるものだと軽んじる人もいるが、三木谷は**「1日1％のわずかな改善であっても、1年続ければ元の37倍以上になる」**とその力を信じていた。

その後、楽天は順調に成長を続け、創業から1年後には出店数100店超、2年目の98年末に320店、99年末には1800店を突破。2018年度には、グループ全体で売上高1兆円を達成している。

三木谷にとって最も大事なのは、周りが信じるかどうかより、自分が信じているかどうかである。そして、その結果が今日の楽天である。

三木谷が今、最も力を入れているのは2020年4月に参入した携帯電話事業だ。「主要国の携帯事業者は3社まで、4社目はあり得ない」と言われるほどの厳しい市場だが、三木谷は、今も自分が信じる夢に向け突き進んでいる。

大きな発展は小さな改善をし続けられるかどうかにかかっている

エリートコースから一転、阪神・淡路大震災に直面し、起業を決意

【1995年】

惨憺たる結果からスタートした楽天

1997年
楽天市場開設

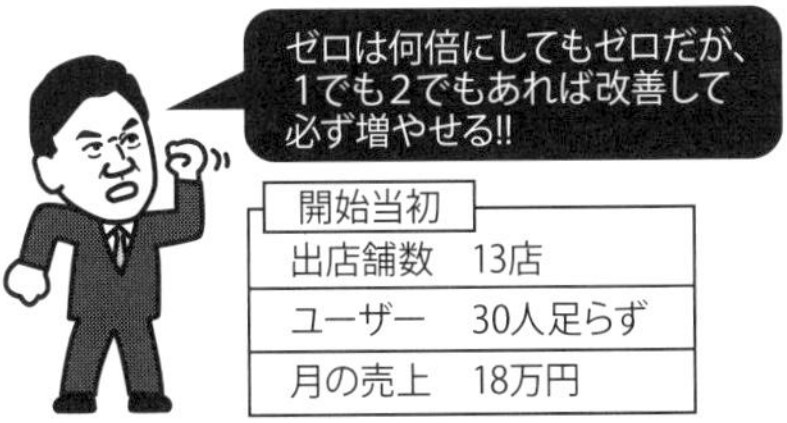
ゼロは何倍にしてもゼロだが、1でも2でもあれば改善して必ず増やせる!!

開始当初	
出店舗数	13店
ユーザー	30人足らず
月の売上	18万円

数字がゼロでない限り、1日1%でも改善をし続ける

1人でも買い物をしてくれるということは理由があるはず!!
だから1日1%でも改善し続けるんだ!!

改善を重ねて、楽天は大きく発展していく

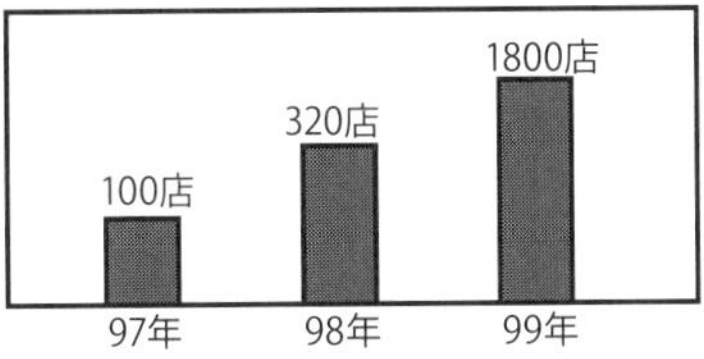
100店
320店
1800店
97年
98年
99年

【略歴】三木谷浩史

1965年、兵庫県神戸市生まれ。日本興業銀行勤務を経て、97年に楽天を創業。現在は、同社代表取締役会長兼社長。

第36話

ラリー・ペイジ

グーグル創業者

小さく負けて、大きく勝つ

グーグル（持ち株会社はアルファベット）が誕生したのは、1998年9月のことだ。きっかけはスタンフォード大学の博士課程で学ぶラリー・ペイジとセルゲイ・ブリンの2人が、既存の検索エンジンに満足できず、より精度の高い検索を行うための研究を行ったことだった。

そこで納得できる検索エンジンができあがり、スタンフォード大学内のウェブページの検索用としてスタートしたところ、学生や教授の間で評判となったことが、その後の起業へとつながっている。

以来、「世界最高の検索エンジン」を武器に急成長を遂げ、2004年8月には早くも株式を公開。現在、世界の検索エンジンのシェアは「グーグル」が約90％であり、グーグルが提供するスマホなどモバイル向けのOS「アンドロイド」も約70％のシェアを誇っている。時価総額も２０２０年1月に1兆ドルを突破、ＩＴ世界における同社の存在感は圧倒的である。

これほどの企業を20年余りでつくり上げ、長くＣＥＯも務めたペイジはマスコミなどにほとんど登場しないこともあり、これまで失敗らしい失敗が報じられたことはない。また、会社として大きな逆境もない。

失敗を失敗で終わらせない、たった２つのコツ

では、グーグルは失敗をしない会社なのかというと、そうではない。

むしろペイジ自身、「**成功に導く唯一の道は、まず失敗をたくさんすることだからね**」と話しているように、失敗はイノベーションに不可欠なものと考えている。

そして、最も有名な失敗には、「グーグルビデオ」がある。

「グーグルビデオ」は、２００５年にスタートしたビデオ共有サービスだが、同じ頃にスタートした「ユーチューブ」に大敗している。

ユーチューブに対する敗北を認めたペイジは、すぐさま２００６年10月にユーチューブを買収、自ら戦いに決着をつけている。

これがペイジのやり方だ。少人数のチームをたくさんつくって常時何百というプロジェクトを動かして次々とサービスを生み出すものの、「これはうまくいかないな」となると潔く失敗を受け入れる。その一方で「これは成功するかもしれない」となると、どんどん資金を投入していく。

いわば**「小さく負けて、大きく勝つ」やり方だ**。

「10倍スケールで物事を考えろ」はペイジの口癖だ。

何よりスピードも重視している。

でっかく考えて素早く行動しながら大きな失敗をしないコツは、「失敗を前向きにとらえること」と、「判断の速さ」にある。

たくさん失敗し、小さく負けて大きく勝つ!!

グーグルは大学から始まった

【1998年】
スタンフォード大学
今ある検索エンジンには満足できない!!
より精度の高い検索を研究しよう!!
ラリー・ペイジ
セルゲイ・ブリン

大学内で評判となり、世界最高の検索エンジンへと急成長していく

よし
これならいけそうだ
さっそく大学内のウェブページで試してみよう

失敗を潔く受け入れ、素早く判断する

グーグルビデオ
Google
VS
ユーチューブ
YouTube
負けた。
それは認めよう
よし！
ユーチューブを買収しよう!!

ITの世界で圧倒的存在となる

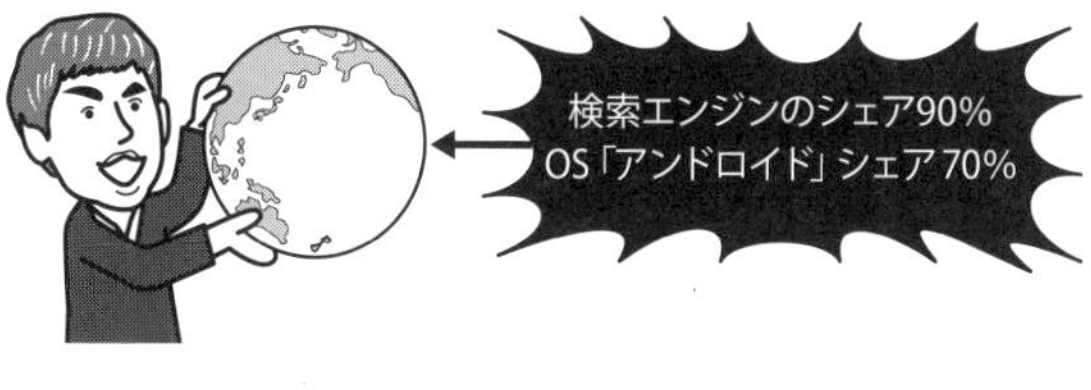
検索エンジンのシェア90%
OS「アンドロイド」シェア70%

【略歴】ラリー・ペイジ

1973年、米国ミシガン州生まれ。98年、スタンフォード大学大学院を休学してセルゲイ・ブリンと共にグーグルを起業。2015年、グーグルCEOをサンダー・ピチャイに任せ、新たに設立した親会社アルファベットのCEOに就任。2019年、アルファベットCEOを退任。

第37話

マーク・ザッカーバーグ　フェイスブック創業者

間違いはすぐに認めて、完璧な謝罪をする

2004年2月、ハーバード大学の学生寮で「ザ・フェイスブック」のサービスを開始した時のマーク・ザッカーバーグは、まだ19歳の若者だった。

以来、彼は一貫してCEOであり続けている。

このことは、アップルのスティーブ・ジョブズやグーグルのラリー・ペイジでさえ一時期プロ経営者を雇っている点から見ても、異例のことである。

ただ、当然、若さゆえの危うさもあった。

2005年当時、フェイスブックは月に100万ドルの収入がある一方で、ユーザーの増加により年間600万ドルもの赤字を出していた。

ところが、2006年にヤフーから「10億ドル」という買収提案が寄せられたことで社内の空気は一変する。

投資家にとっても、社員にとっても大金を手にできるチャンスだった買収提案だが、ザッカーバーグは「僕たちには大きく世界を変えるチャンスがある。このお金を手にすることが正しい行動とは思えない」と決断しなかった。

そして、9月に実施するオープン登録の成否に賭けることにした。

その結果、9月末のフェイスブックのユーザー数は一千万人を突破した。オープン登録以前の1日の伸びは2万人だったが、10月には5万人になった。これは、ザッカーバーグが勝利したことを意味しており、弱冠22歳の彼がフェイスブックのCEOとしてはっきりと認められた瞬間だった。

非を認め、「完璧すぎる謝罪」で乗り切る

以後、フェイスブックは急成長を遂げることになるが、2018年には個人情報の大量流出問題が起こり、ザッカーバーグは米議会の公聴会への出席を余

儀なくされている。

この時、ザッカーバーグは、議員の厳しい質問に対して落ち着いて答えると共に、「**私がフェイスブックを始め、私が舵を取り、私が今起こっていることのすべての責任を担っている**」と自らの非を認め「完璧すぎる謝罪」によって危機を乗り越えている。

ザッカーバーグによると、ハーバードの学生寮でフェイスブックを立ち上げた頃、その後に起きるすべての問題を予測し解決することは不可能だった。なぜなら、20億人のユーザーを抱えるなど想像もしていなかったからだ。

ザッカーバーグは言う。「『**過去を悔いる**』ことではなく、『**起きてしまった間違いから学び、改善し、より良いサービスを提供し続ける**』ために『**CEOとして全力を尽くすことだ**』」

かつてザッカーバーグは「**僕も成長した。多くのことを学んだつもりだ**」と話していたが、いつだって「学び、成長し続ける」ことで間違いを乗り越え、フェイスブックの舵を取り続けるというのがザッカーバーグの流儀である。

大切なのは過去を悔いることではなく、学び改善すること

ハーバード大学　学生寮でサービス開始

【2004年】

ユーザー増加で赤字……

ヤフーから買収を提案されるも断固拒否

【2006年】

NO!!
10億ドル
yahoo!
フェイスブック買いますよ

フェイスブックオープンの登録大成功

ユーザー数1000万人突破!!
世界を大きく変えるんだ
yahoo!

間違いから学び、改善し、CEOとして全力を尽くす

【2018年】

個人情報大量流出
この責任はすべて私にあります。申し訳ございませんでした
問題から学ぶんだ
改善してより良いサービスを提供しよう

【略歴】マーク・ザッカーバーグ

1984年、米国ニューヨーク州生まれ。ハーバード大学在学中に「コースマッチ」や「フェイスマッシュ」という人気ソフトをつくり評判となる。2004年、「ザ・フェイスブック」のサービスを開始。2010年、サイトアクセス数がグーグルを抜き1位に。2012年、株式を公開。

第38話

西山知義（にしやまともよし）「牛角」「焼肉ライク」創業者

困ったら、お金を払って、お客様に聞く

元々『炭火焼肉酒家　牛角』『しゃぶしゃぶ温野菜』などを展開するレインズインターナショナルの社長だった西山知義は、今はひとり焼肉『焼肉ライク』などを展開するダイニングイノベーションの社長である。

まさに日本の外食チェーンを代表するリーダーの1人だが、西山が外食産業に参入したのは30歳の時だった。

大学を中退した西山は、将来の起業を夢見て社員15人ほどの賃貸管理会社に入社、1年も経たないうちに独立、賃貸物件の管理業をスタートさせている。

自分のトップセールスの腕をもってすれば成功は間違いなし、と思い込んで

いた西山だが、現実には流しの営業社員に振り回されたり、金庫のお金を盗まれたりといった散々な経験を経て「飲食業をやろう」と決意している。

「悪口」を言ってくれたお客様にお金を支払う

目指したのは「安くておいしくてサービスが良くて、雰囲気のいい焼肉屋」だ。当時、高級焼肉店と街の焼肉屋はあったが、20代から30代前半の若者が3000円程度で焼肉を楽しめるお店はなかった。

そこで1996年、のちの「牛角」につながる「焼肉市場　七輪」を三軒茶屋にオープンするも、飲食業が初めての西山たちは大勢のお客様に対応することができなかった。

結果、翌日から客足がパタリと途絶えてしまい、困り果てた西山が思いついたのが「悪口」を言ってくれたお客様に300円を支払うというアイデアだった。

料理やサービス、店の雰囲気など、会計の時に何でも言ってもらい、その声を「できること」「できないこと」に分けて、できることはすぐに実践していった。

「悪いところは改善していけばいい。いい店をつくればお客さまは絶対に来る」という信念からだが、地道な改善が功を奏したのか、開店から5ヶ月後には「焼肉市場　七輪」は行列のできる焼肉屋に変貌した。

以来、西山はベンチャー・リンクの協力も仰ぎながらフランチャイズ化を進め、7年半で『牛角』を1000店舗まで拡大、2000年にはレインズインターナショナルを、店頭公開するほどの企業グループへと成長させている。

そんな西山にとって第一号店の苦い経験はずっと教訓として残り、**「同じ轍は絶対に踏まない」という決意と覚悟で、今も経営を行っているという**。

西山は2012年にレインズインターナショナルを売却、翌年にはダイニングイノベーションを立ち上げ、現在、『焼肉ライク』を中心に9ヶ国で285のお店を展開している。

改善したければお客様に聞け

誰でも楽しめる焼肉店を目指す

色々な
経験を
活かして何か
はじめよう！
そうだ！
飲食業を
やろう!!
七輪
七輪

オープン初日につまずく

【1996年】

こんなに大勢の
お客様に対応
しきれない
いつまで
待たせるんだ!!
ちょっと
まだなの!?
おなか
すいた

店の「悪口」を言ってくれたら300円

どうしたら
いいんだ…
そうだ!!
「悪口」を言ってくれた
お客様に300円払おう!!

「悪口」をもとにした地道な改善が功を奏す

「悪口」をもとに
地道に改善したら
「牛角」が大繁盛した！
牛角
TASTY! QUICK! VALUE!
焼肉ライク
今度は
「焼肉
ライク」だ

【略歴】西山知義

1966年、東京生まれ。大学中退後、不動産会社勤務を経て、独立。96年、「焼肉市場　七輪」を三軒茶屋にオープン、『炭火焼肉酒家　牛角』を1000店舗まで拡大。2012年にレインズインターナショナルを売却。2013年、ダイニングイノベーションを創業、現在同社会長。

第39話

ジェームズ・ダイソン　ダイソン創業者

自らのアイデアを具現化できる人の考え方

サイクロン掃除機や羽根なし扇風機、ヘアドライヤーなど独自のスタイリッシュなデザインでファンを増やしているのが、イギリスの家電メーカー・ダイソンだ。

いずれも技術的に「熟している」といわれている市場で、同社はシンプルなデザイン性と高い技術力を武器に高価格で参入、日本をはじめ世界中でファンを獲得している。

創業のきっかけは、ジェームズ・ダイソンが、それまでのパック付き掃除機の吸引力に納得がいかず、「何とかならないか」と考えたことから始まった。

ダイソンは、製材所で目にした空気とおがくずを分離させる機械を見て、サイクロン技術の着想を得ている。しかし、ダイソン自身も言うように「**アイデアをもつことは、ほんの始まりに過ぎない**」のだ。

15年の歳月と、5127台の試作機を経て、製品化にこぎつける

ダイソンは自らのアイデアを形にしようと、周りにある段ボール紙やダクトテープなどを使って試作品をつくり始めるが、「うまくいくまでに15年という時間がかかり、5127台もの試作機」をつくったという。

当時を振り返って、こう話している。

「15台目の試作機ができた時には、3人目の子どもが生まれていた。2627台目の試作機の頃、妻と私はまさしくカツカツの生活だった。3727台目の試作機ができた頃、妻は生活費の足しにするため美術教室を開いていた」

まさにいつ諦めてもおかしくない日々の連続である。それでも続けることができたのは、「**失敗によって問題の解決に近づくことができる**」という信念が

あったからだという。

そんな努力が実り、ダイソンは１９８３年に紙パック不要のサイクロン掃除機を発明することができたが、今度は製造するための資金がない。

やむなく製造ライセンスを、家電メーカーに売ろうとするが、製品化を引き受ける企業がなかった。

そんな中、唯一手を差し伸べたのが日本の商社エイペックスだった。

ダイソンと同社はライセンス契約を結び、86年にサイクロン掃除機「G-フォース」を日本で発売する。

１台20～30万円と高額だったが、飛ぶように売れたことでダイソンはデザイン料約１５００万円と、ライセンス使用料年１５００万円を数年間手にすることができ、93年ダイソン社を設立する。

「誰もが最初から成功するわけではない。失敗を罰するより、そこから学ぼう」が経営者でありエンジニアでもある、ジェームズ・ダイソンの教えである。

失敗こそ問題解決への唯一の道

5127台の試作品を経て、サイクロン掃除機完成

【1983年】

何度も何度も失敗して
ようやく完成した!!

しかし、資金不足で商品化できず……

完成したのは
いいけど製品化する
お金がない……

唯一手を差し伸べたのが日本の商社

【1985年初来日】

ぜひ!!
製品化
しましょう！
86年「G-フォース発売」

日本での成功を皮切りに高額商品が飛ぶように売れる

たくさん失敗したけど、
失敗こそ問題解決の
唯一の道だ！

【略歴】 ジェームズ・ダイソン

1947年、英国生まれ。王立美術大学在学中の70年、エンジニアリング企業に入社。86年、サイクロン掃除機「G-フォース」を発売。93年、ダイソン社を設立。設立から4年で、欧州を代表するメーカーに育て上げた。

第40話

ジェフ・ベゾス
アマゾン創業者

苦しい時に、何を捨て、何を守るかで成長は決まる

今や、私たちの生活になくてはならない存在となったアマゾン。しかし、アマゾンの創業者ジェフ・ベゾスはこれまでに2度の逆境を経験している。

1度目は、1994年、創業時の資金調達の苦労である。

創業時、ベゾスは自己資金のほか、両親や友人から投資をしてもらっているが、ある友人に「君だけでも小切手を切ってくれ。誰かが行動を起こしてくれないと誰も動かないんだ」と懇願せざるを得ないほど、お金に困っている。

インターネットそのものが理解されていない時代、インターネットで本を売るビジネスを理解してもらうのはとても難しかったからだ。

2度目の逆境は、2000年に起きたITバブルの崩壊だ。バブルがはじけたことで、アマゾンの株価は21ヶ月連続で下落、「ネット時代の寵児」は一転して、「ネット時代のスケープゴート」となってしまった。

多くのIT企業が倒産や身売りに追い込まれる中、ウォール街からの圧力は、ベゾスに対しても日増しに強くなっていった。

当時を振り返ってベゾスは「自分が大事にしていた貴重な人が去っていった、憂鬱な日々だった」と振り返っている。それでもベゾスは「株式市場は短期的には投票機、長期的には秤である」というベンジャミン・グレアムの有名な言葉を引用して、「自分と株価は別物」であり、株価の下落などを気にすることなく「顧客第一」を貫くよう社員を叱咤激励している。

批判と赤字覚悟で『ハリー・ポッター』最新刊の値引きキャンペーンを敢行

ただこの時、シェア拡大にまい進してきたベゾスも、さすがに「成長より利益」を優先するほかはなく、「黒字にする」ことを宣言、コスト削減に取り組んでいる。

その一方で『ハリー・ポッター』シリーズの最新刊が出る際に、大幅に値引きした上で、配本日に配送するという一大キャンペーンも企画している。

1冊当たり数ドルの損失が出るため「話題づくりとしても損失が大きすぎる」と揶揄《やゆ》されたサービスだが、**「顧客にとっていいことは株主にとって悪いことという二者択一でしか考えられないのは素人だ」**と反論している。

どんなに苦しくても「顧客サービス」の手は緩めないというベゾスの意思表示だった。

結果、アマゾンへの顧客の評価は急上昇し、さらに多くの顧客を獲得することにつながった。

経営が苦しい時、多くの企業は「聖域なきコストカット」を行いがちだが、やりすぎると優れたサービスや製品を犠牲にすることにもなる。

それでは「今」は良くても「未来」はない。ベゾスは、苦しい時期にも顧客サービスを充実させたことで、その後の成長を手にすることとなった。

どんなに苦しくても大切なことは手放してはいけない

ネットバブルがはじけ株価が大幅下落

【2000年】
ムムムム
株価21ヶ月
下落
身売りか〜
ウォール街
倒産か〜

社員を叱咤激励する

株式市場は
短期的には
投票機、
長期的には秤
自分と株価は別物
「顧客第一」を
貫くように

赤字覚悟で人気書籍の値引きを敢行

『ハリー・ポッター』
の最新刊を
値引き&配本日
に配送するぞ！
損失が
大きすぎる
単なる話題づくり
にしかならない

アマゾンの評価は急上昇、顧客はさらに増えた

どんなに苦しくても
顧客サービスの手は
緩めない！

【略歴】ジェフ・ベゾス

1964年、米国ニューメキシコ州生まれ。大学卒業後、金融系企業ファイテル、バンカース・トラスト、D・E・ショーを経て、94年アマゾンの前身「カダブラ」を設立。95年に「アマゾン」を登記、同7月にアマゾンのサービスを開始。現在、『フォーブス』の発表する世界長者番付の第一位。

第41話 フィル・ナイト ナイキ創業者

理想のものがなければ、自分たちでつくればいい

ナイキの創業者フィル・ナイトが起業したきっかけは、学生時代に書いたレポートにあった。大学で陸上部に所属するほど熱心なランナーだったナイトは、スタンフォード大学ビジネススクール時代、1人勝ちしていたスポーツメーカー、アディダスに勝てそうなアイデアを思いついた。

品質の良い製品を安くつくれる日本企業と組めば、価格の高いドイツ製品に勝てるのではないかというアイデアだった。

それ以来「全米一の陸上シューズ販売業者になる」がナイトの目標となった。大学卒業後、日本に飛んだナイトは、ランニングシューズを製造していたた

オニツカ（現・アシックス）を訪ね、同社の製品を米国で売りたいと申し出た。

資金も経験もなかったオニツカはこれに乗り、1964年、ナイトは大学時代の陸上のコーチ、ビル・バウワーマンと一緒にブルーリボンスポーツを設立、これが今日のナイキのもととなる。

オニツカとの提携を解消、自社製品をヒットさせる

米国でオニツカのシューズの販売を順調に伸ばしたナイトだが、自分たちの理想の商品を追い求めるべく、71年、オニツカとの提携を終了する。

そして78年、バウワーマンがソールの一部にゴムを注入した「エアソール」を考案、このシューズが大ヒットする。

これを機に、ナイトは有力アスリートに自社のシューズを履いてもらう戦略でナイキを成長軌道に乗せる。この戦略の頂点ともいえるのがマイケル・ジョーダンとタイアップした商品「エア・ジョーダン」だった。

ナイキがエア・ジョーダンを発売したのは1980年代半ばだが、その前ま

で同社の株価は落ち込み、在庫品の多くも捨て値同然で販売されていた。

そんな苦境を一気に解消したのが、エア・ジョーダンの大ヒットである。全米でのシェアは3分の1を超え、やがてそのブランド力はコカ・コーラに匹敵するまでとなった。

この成功によりナイトは「スポーツ界最強の男」と呼ばれるようになるが、やがて自社が強くなりすぎて、企業が官僚化することを恐れるようになった。

93年に、こう言っている。

「会社が大きくなると、起業家としての本能を抑えなければならなくなる。だが、情熱の火を消すことがあってはならない」

かつてナイキはアディダスのような巨人ゴリアテと戦うダビデとして世間から称賛されたが、ナイキ自身が巨人ゴリアテになった今、油断をすれば「過去に繁栄した企業」になりかねない。

起業家は、最初は「大きくなる」ために懸命に戦うが、成功すればライバル企業だけでなく、「大きくなり過ぎた」自分と戦う必要がある。

人頼みにせず自分たちの手で理想の商品をつくれ

安くて品質の良いオニツカの米国販売権を得る

【1962年】

オニツカのシューズは素晴らしい！
米国で販売させてほしい
一緒にやりましょう
Onitsuka Tiger

自社ブランドの製品を作ることを決め提携を終了

【1971年】

自社でシューズを作ることにしました
提携を解消しましょう
Onitsuka Tiger

大ヒット商品が出たものの、その後低迷

株価はさえないし在庫は山積み……
NIKE

「エア・ジョーダン」の大ヒットで世界的ブランドに駆け上がる

【1984年】

よし！
これで大ヒット
間違いなし

【略歴】フィル・ナイト

1938年、米国ポートランド生まれ。スタンフォード大学大学院卒業後、オニツカのシューズを販売するためブルーリボンスポーツを設立。72年にナイキブランドを発売。84年にエア・ジョーダンを発売。2006年、同社会長を退任。

第42話

山田進太郎《やまだしんたろう》 メルカリ創業者

完璧を求めて出遅れるより、少しでも早いスタートを切れ

ＩＴ業界の特徴の一つは、誰よりも早くスタートをして、急速に大きくなった企業が「総取り」をすることだ。

メルカリの創業者・山田進太郎は楽天の内定を「若気の至り」で辞退、２００１年８月にウノウを設立する。同社で写真共有サイトの「フォト蔵」などをつくるが、収益を生むサービスを生み出すことがなかなかできない。

２００８年、「いっそ会社を売ろうか」とまで追い込まれた山田は、15人の社員を前に「**僕は絶対に諦めないし、絶対にうまくいかせる。ついてこられる人だけ、そうしてほしい**」と告げたところ、15人全員が残留を選んだ。

やがて自分だけの街を育てる「まちつく」を開発、2010年にアメリカのソーシャルゲーム大手ジンガが、ウノウを買収したいと言ってくるほどヒットした。

しかし、ジンガとの関係が悪化して山田は2012年1月に退社、一年の充電期間を経て2013年2月、メルカリ（当時はコウゾウ）を設立する。

それは、ウノウでは果たせなかった「世界で使われるインターネットサービスを創る」という夢を実現するためのものだった。

「1秒でも早く出したい」が、急速な成長の原動力

スタート時に集まったのは8人のエンジニア。いずれも「本業」があり、全員休みである週末にシェアオフィスで働くという変則的なものだった。

結果、途中でエンジニアが退職するといったトラブルもあったが、山田はすぐに体制の立て直しを図った。なぜそれほど急いだのか？　理由は、**ITの世界は「先に出した者が勝つ」ため、「1秒でも早く出したい」からだった。**

しかし、それでもサービスを予定していた7月には間に合いそうもない。遅れれば他社が先行する業界だけに、山田は焦った。

そこで利用者がアップロードできる写真の枚数を制限したり、検索機能をなくす、出金機能なしといった一部機能を見送ることで7月2日、フリマアプリ「メルカリ」のアンドロイド版のサービス開始にこぎ着けている。

「詐欺みたいだな」という声もあったが、山田はこれらの機能はあとから開発して更新すればいいと割り切った。

完璧を求めてスタートが遅れるよりも、最低限の機能でもより早くスタートすることが成功につながる、という考え方だ。

初日のダウンロード数400という低調さにはさすがの山田も「終わったな、と思った」と言うが、以後、山田は資金調達を重ね、インターネット広告に多額の資金を回すことで、急速な成長を実現している。

IT業界は、利益よりも成長である。

5年後、メルカリは見事に東証マザーズに上場を果たすこととなった。

「完璧」よりも「スピード」が大事

山田進太郎、コウゾウ（現メルカリ）を創業

【2013年２月】

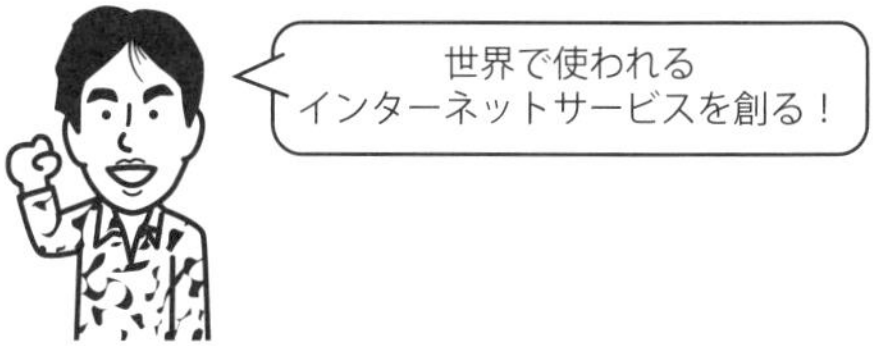
世界で使われる
インターネットサービスを創る！

8人のエンジニアが週末に集まって働く

○○は
××に
しよう
もっとこうした
ほうがいい
やるぞ〜
ここは
こうしよう

最低限のサービスで「メルカリ」スタート

【2013年７月】

このままでは
間に合わない。
さらなる妥協が
必要だ
mercari
メルカリのサービス開始
写真は4枚まで
検索機能なし
出金機能なし

改善に改善を重ね、急速に成長

【2018年東証マザーズ上場】

ITは「先に出した者が
勝つ」のだ

【略歴】山田進太郎

1977年、愛知県瀬戸市生まれ。楽天の内定を辞退して、2001年にウノウを設立。「まちつく」などをヒットさせ、2010年にウノウの株式をジンガに譲渡。2012年、ジンガを退社。2013年2月、メルカリ（当時コウゾウ）を設立。同年7月、サービスを開始。2018年、東証マザーズ上場。

第43話

永守重信（ながもりしげのぶ）日本電産創業者

人の2倍働いて、納期を半分にする人が、成功する人

1967年、職業訓練大学校を卒業した永守重信は、最初に就職したティアックの持ち株と、大学時代から続けていた株式投資によって創業資金2000万円を準備、73年7月、28歳で日本電産を創業した。

しかし、「設立に参加します」「永守さんについていきます」と言っていた多くの仲間は、結局参加せず、永守を含めて4人、しかも永守の自宅を本社としてのスタートだった。

会社には、机も設備もなかった。ただ、メーカーである以上、工場は欠かせない。

そこで永守は京都新聞に「工場求む」という3行広告を掲載、京都の染色屋さんが新築した2階建て民家の1階を借りることにした。

本業であるモーター製造に必要な機械類はすべて中古品だが、何とかメーカーとしての体裁を整えることができた。

とはいえ、「実績はない、知名度はない、社歴もない、信用もないというないない尽くしの会社」に簡単に仕事が来るはずもない。

がんばって営業に回り、せっかく注文が決まりそうになっても、工場を見学した途端に、お客が注文を撤回するケースも少なくなかった。

永守を成功に導いた、強烈すぎる母の教えとは？

どうすれば仕事が取れるのか？　永守は専門誌などに「競争相手の半分の納期で仕事をします」という広告を出稿、スピードで勝負することを決意した。

「**人の2倍働いて成功しないことはない**。**倍働け**」は、永守が幼いころから母親に植え付けられた鉄則である。永守は営業もそれまでの2倍に増やし、「どんなものでも試作します」と請け負っては、他社の半分の納期で仕上げた。

納期を半分にすれば絶対に他社に勝てるし、仮に最初の製品がダメでも、もう1回つくり直すチャンスがあるからだ。

こうした「とにかく働いて働いて、顧客の注文に応えた」結果が、その後の日本電産の成功へとつながっている。

こうして、会社の基礎体力を築いた永守は、優秀な技術は持っていてもマネジメントに問題があって不振に陥った企業を次々と買収、再建して子会社化していった。その結果、日本電産グループは、売上高1兆5000億円、精密小型モーターの開発・製造では世界ナンバーワンとなっている。

買収会社の再建にあたって、永守はリストラは行っていない。

代わりに、**「1日24時間という時間はすべての人間に平等に与えられている。この時間をどう使うかはそれぞれの勝手だ」**と時間の使い方と、**「社員の品質」にこだわることで、見事に再生させている。**

「時間」の使い方にこだわりをもて

ないない尽くしからのスタート

機械はすべて中古品
実績なし
知名度なし
自宅を本社
社歴なし
信用なし
スピードで勝負だ!!
時間は平等にある!!

幼い頃の母の教え

人の2倍働いて
成功しないことはない。
倍働け
母
そうか！
2倍働いて
納期を半分に
しよう！

母の教えを守って成功、優秀な技術をもつ会社を次々と買収

優秀な技術をもっている会社を買収しよう
リストラはしない
業績不振の会社を買収
再建
子会社化

世界ナンバー1企業へ

精密小型モーター開発製造
世界ナンバー 1
売上高
1兆5000億円
達成!!

【略歴】 永守重信

1944年、京都府向日市生まれ。ティアック、子会社の山科精器(取締役)を経て、73年、日本電産を創業。「情熱、熱意、執念」「知的ハードワーキング」「すぐやる、必ずやる、できるまでやる」を3つの経営哲学としている。

第44話

孫 正義（そんまさよし）　ソフトバンク創業者

「失敗かな」と思ったら、素早く損切りしなさい

孫正義は、会社を始める前から「やるからにはその世界で絶対に日本一になってみせる」と自らに言い聞かせていた。そして、会社設立後も２人のアルバイトを前に、「俺は、５年で１００億円、10年で５００億円、いずれは何兆円規模の会社にしてみせる」と熱く語っている。

それは今も変わることはなく、孫は「３００年成長し続ける会社」を目指している。

そんな孫の真骨頂は、これからどうなるかわからない企業への投資から驚くほどの利益を引き出す力と大胆なM＆Aにある。

M&A総合研究所によると、ソフトバンクの大型投資の成功事例は、①ヤフーへの出資 ②中国アリババへの出資 ③ボーダフォン日本法人買収 ④ホークス球団買収、失敗事例は、①スプリント買収 ②ウィーワーク出資、となる。

さて、孫が初めてヤフーの存在を知ったのは、1995年のことである。社員5人の会社に過ぎないヤフーの創業者ジェリー・ヤンとデビッド・ファイロに会った孫はすぐさま5%の出資を決断、さらに日本法人の設立と資金提供まで申し出ている。

さらに翌年には、公開直前のヤフーに100億円を出資、株式公開によりその価値は一気に3倍になったというのだから恐れ入る。

素早く損切りすることで、決定的な致命傷を避ける

アリババへの出資もよく似ている。99年、アリババのサイトがまだ約3万人のユーザー数の時に、孫は創業者のジャック・マーに「会社の3分の1、2000万ドル」を出資している。ここでもアリババの上場により、ソフトバンク

は、莫大な含み益を手にしている。

その他、プロ野球の福岡ソフトバンクホークスは、同社の知名度アップに多大な貢献をし、ボーダフォンの買収も携帯電話会社ソフトバンクとして大成功に導いている。こうした凄まじい成功の一方で、米携帯電話業界3位のスプリントの買収や、シェアオフィス事業ウィーワークへの出資は失敗している。

その結果、ソフトバンクは多額の有利子負債や含み損を抱えることになるが、こうしたたくさんの失敗に対して孫は、「私ほど脛《すね》に傷をもつものはいない」と一向に気にする気配がない。こう言い切っている。

「失敗した時は、再起不能になる前に素早い意思決定で損切りしろ」

「損切り」というのは、株式投資などで大やけどをしないための鉄則の一つだが、実際には損害を被るだけに決断は難しい。

それでもチャレンジをしなければ始まらないし、リスクをとらなければ報われない。成功すればよし、失敗した時には潔く「損切り」するからこそ、孫は再起不能に陥ることなく、チャレンジし続けることができるのだ。

素早い損切りで大やけどを防ぐ

「300年成長し続ける会社」を目指す孫

成長のポイントは
M＆Aだ!!

ソフトバンクのM&A成功例は4つ

成功
YAHOO! JAPAN
への出資
成功
Alibaba.com
への出資
成功
vodafone
日本法人買収
成功
ホークス球団買収
どれも
成功したぞ

失敗事例は2つ

失敗
Sprint
買収
失敗
wework
出資
負債に
なっちゃったよ

失敗した時は素早く「損切り」せよ

私ほど
脛に傷をもつ
ものはいない
ただ、素早く
損切りするから
再チャレンジ
できるのだ

【略歴】孫 正義

1957年、佐賀県鳥栖市生まれ。カリフォルニア大学バークレー校を卒業後、「ユニソン・ワールド」を設立。81年、「日本ソフトバンク」設立。96年、米ヤフーとの合弁で「ヤフージャパン」を設立。2006年、ボーダフォン買収。2020年、フォーブス長者番付で世界56位、日本2位。

【著者紹介】

桑原 晃弥（くわばら・てるや）

1956年、広島県生まれ。経済・経営ジャーナリスト。慶應義塾大学卒。業界紙記者などを経てフリージャーナリストとして独立。トヨタ式の普及で有名な若松義人氏の会社の顧問として、トヨタ式の実践現場や、大野耐一氏直系のトヨタマンを幅広く取材、トヨタ式の書籍やテキストなどの制作を主導した。一方でスティーブ・ジョブズやジェフ・ベゾスなどのIT企業の創業者や、本田宗一郎、松下幸之助など成功した起業家の研究をライフワークとし、人材育成から成功法まで鋭い発信を続けている。著書に、『スティーブ・ジョブズ名語録』(PHP研究所)、『スティーブ・ジョブズ 結果に革命を起こす神のスピード仕事術』『トヨタ式「すぐやる人」になれる8つのすごい！仕事術』『松下幸之助「困難を乗り越えるリーダー」になれる7つのすごい！習慣』（以上、笠倉出版社）、『ウォーレン・バフェット 巨富を生み出す7つの法則』（朝日新聞出版）、『トヨタ式5W1H思考』（KADOKAWA）、『1分間アドラー』（SBクリエイティブ）、『amazonの哲学』『トヨタはどう勝ち残るのか』（以上、大和書房）などがある。

運を逃さない力

2021年1月18日　第1刷発行

著　者——桑原 晃弥

発行者——徳留慶太郎

発行所——株式会社すばる舎

〒170-0013　東京都豊島区東池袋3-9-7 東池袋織本ビル

TEL　03-3981-8651（代表）　03-3981-0767（営業部）

振替　00140-7-116563

https://www.subarusya.jp/

印　刷——シナノ印刷株式会社

落丁・乱丁本はお取り替えいたします

ISBN978-4-7991-0948-9